U1068071

凭什么让学生服你

[极具影响力的日常教育策略]

关承华 著

中国青年出版社

图书在版编目（CIP）数据

凭什么让学生服你：极具影响力的日常教育策略 / 关承华著. — 3版.
—北京：中国青年出版社，2017.5
ISBN 978-7-5153-4755-4

Ⅰ.①凭… Ⅱ.①关… Ⅲ.①中学教育—教育研究 Ⅳ.①G632.0

中国版本图书馆CIP数据核字（2017）第111899号

凭什么让学生服你：
极具影响力的日常教育策略

作　　者：关承华
责任编辑：周　红
美术编辑：张燕楠
出　　版：中国青年出版社
发　　行：北京中青文文化传媒有限公司
电　　话：010-65511272/65516873
公司网址：www.cyb.com.cn
购书网址：zqwts.tmall.com
印　　刷：大厂回族自治县益利印刷有限公司
版　　次：2017年5月第3版
印　　次：2025年2月第24次印刷
开　　本：787mm × 1092mm　1/16
字　　数：120千字
印　　张：11
书　　号：ISBN 978-7-5153-4755-4
定　　价：39.90元

中青版图书，版权所有，盗版必究

版权声明

未经出版人事先书面许可，对本出版物的任何部分不得以任何方式或途径复制或传播，包括但不限于复印、录制、录音，或通过任何数据库、在线信息、数字化产品或可检索的系统。

敬爱的关老师：

　　您好！此时此刻我正怀着一份愧疚的心情在给您写这封信，我只觉得非常对不起您。我知道您对我抱了很大的希望，可我却一次又一次地让您失望，一次又一次地让您伤心，我并不是存心想惹您生气，可不知为什么总是办一些错事、糊涂事。

　　我们全班同学都知道您身体很不好，贫血，因而经常头晕，我们也知道您为了我们用尽了心血，就算是没有您的课的时候，您也不肯在家多休息一下，生怕我们在您不在的时候惹出点儿什么事来，您的确是一位好老师。说真的，虽然有时我们不太懂事，不太听话，常做出一些错事来惹您生气，但其实我们每个人的心里都还是很喜欢您、敬爱您的，也都想为您争口气，这一点您不能不相信。

我也是初三（四）班的一员，我也希望我们的班级能好，各方面都能在年级里名列前茅，一是为您争光，因为我们都知道，您是个要面子的人，其次也是为集体里的每一个人争光。可是，先不说别人，就拿我来说吧，就总是让您费心，给您找麻烦，不是上课不专心听讲、不记笔记，就是不交作业，您每次都是不厌其烦地批评教育我，虽然您有时也说不想管我了，可是却从没有放弃过我，我真的很感激您。

今天，因为我上课看漫画书的事，又让您生气了，我知道这次您对我和我们班已经绝望到了极点。下午两节课后，在走廊里的时候，我叫了您一声，想向您承认错误，您看了我一眼，没说话就走过去了。我不知道您当时在想什么，但我想，您一定觉得我已经无可救药，不想再管我了，但我真的渴望您能再给我一次机会，我保证：我改！今天这两个字说的绝不像平时上嘴唇一碰下嘴唇说的那般轻松，今天我是下了决心的，要对我说的每一句话负责，并且付之于行动。您现在不必相信我，因为我还没有做到，不值得您相信，我只希望您能监督我，看我真正做好的那一天，再相信我说的每一句话。

关老师，我还想说，全班同学都需要您，都不能没有您，您一定也不希望我们没有人管，也一定不愿看到我们一天天往下坡滑，请您再给我们一次机会，我们一定会好好把握住，尽我们全部的力量不再让您生气，不再让您伤心，不再让您失望，和班长徐丽一起齐心协力，把初三(四)班搞好。

关老师，您常说我总是拿好话甜乎儿您，但请您相信：这封信也许写得水平不高，也许有的地方语句不很通顺，但绝对句句都是我的肺腑之言，绝对没有半句虚假。

您的学生

王雪

于94.4.18.晚

目 录

“亲其师，信其道。”这里的“亲”不是指亲情、亲近、亲爱，学生对老师的“亲”更多的是一种由衷的佩服。而真正赢得学生佩服的，是老师深刻的文化底蕴和人格魅力——这需要我们在学习中不断积累，在实践中不断修炼。

“亲其师，信其道。”学生“亲其师”是有条件的，那就是首先感受到了师恩、师爱。与伟大的母爱相比，真情的师爱，温暖与滋润的是孩子们的心，而心花绽放才是最美丽的。

写在前面的话

怎样才是学生心目中真正的好老师

作为一本写给老师的书，受众面真的很小，因为只有从事了教育这个职业的年轻老师才有这方面的需求。无论是真心热爱教育事业，还是为了应付日益激烈的竞争压力，《凭什么让学生服你》可以不谦虚地说：开卷一定有益，因为书中的教育理念、教育方法、教育案例，都是我从教三十余年的点滴经历、感悟和体会，是自己心血的累积和提炼，用读者反馈的话说“接地气，实用”。不过，毕竟出版十年了，有没有过时的东西呢？所以当出版社要求再版时，我稍作犹豫，之后慎重地把书读了一遍，把在国家图书馆《凭什么让学生服你》为主题的视频讲座重新看了一遍后，我笃定：我“用心、用脑、用情”对待学生的态度不过时，“亲其师，信其道”的真理永恒！于是我不但同意继续再版发行，更想对年轻的同行们说一说心里话。

我在书中说过：让学生怕不是好老师，让学生服，让学生佩服、信服、折服、心服、口服，才是学生心目中真正的好老师。可能有些老师会说，今天的学生跟你们那个时候不一样了，让他们服可不容易。是的，这一点我不否认，因为今天的学生接受的信息量大，见多识广，行为开放，甚至不乏特立独行者，但这恰恰是社会发展进步的佐证啊！作为教育工作者，作为老师，咱们跟学生同处一个时代，除去年龄比学生大外，咱们的优势在于：知识面比学生更广泛，思维比学生更缜密，能力比学生更全面，我们有让学生服的资本和基础，但是让学生服我们什么，却是我们需要认真思考的问题——这也就是我写《凭什么让学生服你》的本意与初衷。

最近，我上一年级的小孙子班里的一节公开课引起了我的思考。首先，这位年轻老师不是在自己班里，而是借用一位老教师带的优秀班级演示这堂公开课。提前一个星期，班主任就嘱咐孩子们，“这是市级公开课，穿好校服，好好配合，别给老师丢脸”。其次，不是在教室上，而是在专门的录课室，座位拼成方桌型。再次，是根据我的经验，这位老师早就背上了沉重的压力，反复备课，制作课件，设计每一个提问，斟酌每一句课上要说的话——说白了，就是在精心准备一堂表演课。那么我想问的是：这节课是为谁上的？孩子们是学习的主体还是道具？这种能够调动学生热情的课堂教学模式能否成为常态？上完一节得到领导肯定的所谓成功的公开课，除去给学校和领导脸上增光，学生受益多少？老师辛苦了半天，能否就此赢得学生的佩服？……我的质疑还有很多，核心思想就是，要想成为一名合格的、真正让学生佩服的老师，必须是心中有学生：要揣摩学生的眼神而不是看校长的脸色；要关注学生的需求，而不是自己在领导眼中的业绩。我始终相信孩子们的判断力，当一个一年级的小学生看到老师一次次拖堂，不按时下课，稚嫩地发问“是不是上课铃声是命令，下课铃声就不是命令了？”他所表达的看起来是疑问，实际上不是对老师的不满吗？可悲的是，领导看到的是“这老师抓的真紧”。

现在的社会现实是“老”越来越不值钱了，作为一名老教师，不见得招年轻人待见，而我退休至今已有10年了，还有什么资格在这说三道四？我的书《凭什么让学生服你》给出了足够的理由——我退休却未下岗，心系教育，心系孩子，从未停下爱惜学子的脚步。在路边，看到中学生比赛脚踹交通护栏，我会制止；在校门口，看到老师当众批评学生及家长，我会把围观的人们劝离，给孩子留一点尊严，给家长留一点面子；地铁里，有家长动员孩子给老人让座，我会告诉孩子“你有个好妈妈”。总之，我不会放弃任何一个传播教育正能量的机会，不理解的人可能会说我“神经病”，我则笑曰“职业病”，还病得不轻。我一直秉承着“与时俱进”的理念，坦承自己的落后与不足，同时跑步跟进，争取不要被时代甩得太远，力争在有生之年多为孩子们、家长们、年轻的老师们做点有益处、有意义的事。

让学生佩服、信服、折服、心服、口服，是一种成就，更是一种乐趣。年轻的同行们，努力去做吧，我愿意尽微薄之力助力你们成功！

2017 年 4 月 8 日于北京

观看关承华老师的相关视频，
请登录网址 www.cyb.com.cn 或扫二维码直接登录。

再版前言

守住师德这条底线

《凭什么让学生服你》严格来说不能称其为一本书，它实际上是一本集子，是我在教育教学第一线点点滴滴的经验、感想、体会乃至教训的记录与总结，在集结过程中又增加了一定的提炼和升华。当时的本意，就是觉得多多少少会对真正热爱教育事业的年轻老师们有点启发和帮助，也算是个资源共享吧。出乎我预料的是，出版发行六年来，不断有老师和即将毕业的师范生在读了这本书后有所收获，有的在网络上发布了读后感，有的在博客上给我留言，还有的直接联系我。

虽然我一直认为这本书的受众面相对比较小——仅限于老师，而且主要是年轻老师和班主任，但是几年下来，发现还有读者，还有人认同和接受我的教育观点及教育方法。好吧，那就让《凭什么让学生服你》继续保持生命力，继续体现它的价值，我相信对于真心做教育的老师们来说，开此卷，必有益——这是我接受出版社的要求，同意再版的理由。

在书中我始终贯穿着“用脑、用心、用情”，让学生“信服、佩服、折服、心服口服”的教育理念，但是面对着今天教育环境中老师的尴尬处境，我越来越意识到，用“德”服人，是“用脑、用心、用情”的重要前提，一旦丢掉了师德，老师在学生心目中的地位将一落千丈。今年刚刚过去的教师节深深刺痛了我：在关于教师节的微博论坛上，有那么多的学生或者曾经的学生在谩骂，让我大为吃惊！什么“老师都是些披着人皮的狼”，“老师是辛苦，数钱数累了”，“教师节就是收礼节”，“我永远忘不了她对我的伤害”，“老师都是势利眼，谁家长有用谁吃香”……太多太多，我都不忍继续翻篇看下去。

当然，也许这些反馈仅是个别，与社会尊师重教的大环境相比还是少数，但是我却明显感觉到“尊师重教”的氛围在淡化，教师经济地位不断提升的同时，在人们心中的地位却在下降，如果说这是市场经济与师德碰撞摩擦的结果，那么作为老师，能够做到的，是不是应该守住“师德”这条底线呢？不敢说每一位老师，就是绝大多数老师把“师德”放在心中重要的位置，什么“教师节该不该收礼”、“如何看待有偿家教”、“能不能体罚学生”等等问题还有讨论的必要吗？

师德——已经成为人们评价和衡量一位老师的重要砝码！

前 言

让学生“服”，老师需要练好内功

当了半辈子老师，干了半辈子教育，三十多年的心血几乎全部奉献给了我爱着的学生们。到了退休年龄，蓦然回首，只总结出了这样三个字：脑、心、情——用“脑”去思考教育，用“心”去品味学生，用“情”去感化孩子。真正读懂了这三个字，真正理解了这三个字，真正用好了这三个字，自然就会得到学生的认可、信服乃至佩服，一个真正让孩子信服、佩服、折服、心服口服的教育者，才可能最大限度地实现教育的目的——这需要我们练好内功。

用“脑”，即用思想、用正确的教育理念指导自己的教育教学活动，这是区别合格教师与“教书匠”的一个重要标准。按理说，今天的教师都具有相当的学历，如果仅仅是传授知识，刚每个人不但能够胜任，而且是绰绰有余。但受教育者、教育环境、教育内容都是动态的，都是在不断发展变化的，无论曾经是多么优秀的教师，如果在教育观念、教育手段等方面“以不变应万变”，结果不是误人子弟，就是被自己的教育对象炒了鱿鱼——因为教育形势的发展是不允许它的执行者观念滞后的。教师一直被奉为“人类灵魂的工程师”，这是对教师这种职业的定位与评价，是对教育内涵与教育目的的最精辟表述：教育是培养人、塑造人、铸就人的事业。可是作为个体的教师而言，绝不能自诩为“人类灵魂的工程师”，立意太过高大了，没有人能够承受得起。我个人的观点是，作为一名专职从事教育工作的老师，既然担负着培育人类灵魂的崇高职责，那首先自己要有“魂”，即有思想，有目标明晰的、与时俱进的、正确的教育理论和教育观念。而要想不让自己的教育思想僵化，不让自己的教育观念过时，不让自己的教育手段落伍的最有效办法和最佳途径，就是要不断学习。

“终身学习”是当今社会对人的发展提出的更高要求，对于从事教师职业的人来说，必须率先垂范，最起码要让学习伴随自己几十年的教育教学生涯。过去的说法是“给学生一碗水，老师要有一桶水”，在知识的“量”上对老师已经有了一个明确的要求。但是在知识、科技、经济高速发展的今天，且不说这一桶水够不够用，会不会很快被舀干，就是这一桶水的质量，如果长期不更新，成为一桶死水，也将因不被汲取者接受而成为废水——身为人师，必须有这样的危机感！

在这里，我要引用山东东明实验中学王连生老师发表在《现代教育报》上的文章——《教师应成为思想者》中的观点：首先，教师应是一个主动的学习者，必须具备较强的学习力；其次，教师应是自己教育教学行为的反思者，必须具备较强的思考力；最后，教师应是现代教育理论与实践的探索者和主动建构者，必须具备较强的创造力。

孔子云“学而不厌，诲人不倦”。大意为：努力学习而不满足，教诲别人不知道疲倦。诲人者必须以自己的努力学习为前提，否则何来教诲别人的资格？也许有人会提出，老师怎么可能不学习呢？起码每天要备课，要看教材和参考书吧！持这种观点反映出对学习的理解过于狭窄了，而如果身为教师也如此认识的话，可能就是学生的悲哀了。我曾听一位人到中年的语文老师在聊天时说：“我们家除去广播电视报以外，什么报纸杂志都不订，一晚上看看电视连续剧就过去了。”这位老师的语文教学水平确实让人不敢恭维，后来改作行政了。虽然看起来是一种冠冕堂皇的“改行”，其实质应该说是一种淘汰。为了我热爱着的这份事业，我不甘落伍，因此从不敢懈怠：读书——汲取高营养，学习教育专家的教育思想、教育理论，让自己的根基尽量扎实深厚些；看报——每日必修课，关注社会新闻，了解教育动态，让自己的思维跟上社会发展的节拍；剪报——为我所用，这是多年养成的习惯，现在手头有《学习与借鉴》、《现实与悲哀》、《他山之石》、《网瘾危害启示录》、《性健康教育初探》等自拟专题的专集，都是在读报时随剪随贴，作为资料保存下来的，对于完善自我、提高工作质量大有裨益；汲取——这是除书本资料以外的另一种学习方式，即向现实中的专家直接取经，汲取他们的智慧营养充实我自己。20世纪90年代对我影响最深的是北京市优秀班主任欧阳勃苏老师，她的教育思路、教育理念在当时对我有极大的启发，甚至我认为是与她的两次接触为我今天的工作业绩打下了基础。我今天对家校合作问题的关注与研究，又源于与《今日父母》杂志社以及当时北京人民广播电台著名主持人苏京平老师的一次合作探讨。为了帮助网瘾少年，我千方百计找机会去向陶宏开教授当面讨教。香港著名心理学专家李中莹教授的“NLP简快心理疗法”课程，我自费去上——只要有可能，我就会尽力为自己创造求教专家的机会，不断充实和提高自己。为了不至于过早被教育形势所淘汰，不被学生“挤兑”，五十多岁的我努力去接受新事物，赶“时髦”：上网查资料，发E-mail，接发手机短信，看足球，侃NBA……甚至我完成的两本书，近30万字，全部是自己在电脑键盘上一个字一个字敲出来的，这样既拉近了与学生的距离，找到了与他们沟通的共同语言，同时也大大地增加了自己的自信，感觉真的很好！

用“心”，即心中有学生。老师要用心去观察学生，用心去理解学生。既然从事了教师这个职业，就要把心真正用在学生身上，尤其是班主任，要做一个有心人。经过多年的观察，我发现老师的心学生是看得见的：你对学生的真心，学生迟早会接受并回报；你对学生耐心，学生迟早会被感化；你在学生面前虚心，学生会更加敬重你。反之，你对学生不关心，学生会疏远你；你对学生不真心，学生会鄙视你。总之，老师真正用在学生身上的一片赤诚之心，学生是懂得的、理解的、珍惜的，不过这种懂得、理解和珍惜有个迟与早的时间差罢了。

作为老师，心中有学生的一个重要前提，就是不仅仅把学生单纯地看作一个受教育者、被管理者，而是一群有思想、有感情、有性格、有欲望，我们成年人有的他们都有，与我们平等的人。当然他们还未成年，他们的思想还不成熟，他们的感情还很稚嫩，他们的性格还不稳定，他们的欲望还很虚幻，但恰恰就是因为这样，才需要作为成年人的老师和家长们，走进孩子们的心里，换位思考，将心比心，了解他们的内心活动，才可能有的放矢和对症下药。如果站在孩子们的“心门”外，一味凭主观臆想而评头论足，指手画脚，甚至妄下结论，只会招致他们的逆反、沉默和对抗。而且我发现，老师与学生之间的心灵差距越大，老师达到的教育效果越不尽人意。所以，老师要想真正与学生进行心与心的沟通和交流，就必须做到用心去倾听孩子们的心声，用心去观察孩子们的举止言行，用心去理解孩子们的喜怒哀乐。

用心去倾听——这是当老师难于做到又必须做到的。我曾在《别和青春期的孩子较劲》一书中专门写了“高明的家长会倾听”一节，那是写给爱唠叨的家长的，可实际上老师们也在下意识地犯着和家长们同样的毛病：因为我是老师，你是学生；因为我是大人，你是孩子；因为我是教育者，你是受教育者；因为我是为你们好；等等。由于有那么多、那么充分的理由，所以就该我说、你听，可是大人们往往又在苦口婆心之后，为孩子们的“不听话”而无限烦恼着。这就是因为我们没有意识到，师长们的教诲其实话不在多，贵在有的放矢，而这个“的”就是孩子们的心结。把握孩子们的心态，了解孩子们“不听话”的理由，让他们敞开心扉，把心里话甚至是小秘密说出来，才为我们打开了实施教育的缺口，我们才不至于做无用功。当学生偷偷告诉我，他喜欢同班某女同学了；当一个男孩怀着忐忑不安的心情向我求助，不知该如何拒绝女同学的性要求；当一个自知犯了错，买好安眠药准备了结生命的男孩，深夜拨通我的电话；当学生向我哭诉，父母离异自己不知所措……我都耐心去倾听，然后推心置腹发表我的意见和建议，一个个问题都得到了很好的解决。没有心病的孩子无大错。只要把心里装着的话说出来了，心里装着的事倒出来了，就有解决问题的办法。关键是孩子们该向谁说？老师、家长如何给孩子创造说的氛围和说的机会？这些才是我们成年人应该特别考虑的问题。不要一味迁怒于“今天的孩子思想真复杂”，因为这是复杂的社会环境决定的。

用心去观察——这是当老师有必要练就的一门真功。在许多成年人看来，孩子就是孩子，就应该听大人的；学生就是学生，就应该全身心去学习，什么乱七八糟的杂念都不该有。可现实生活中的孩子们却偏偏不能让老师和家长们如愿，他们对新事物充满了好奇，他们有太多的“非分”之想，他们的隐私难以启齿，他们总在极力向老师和家长隐瞒着自己的小秘密。我多年来的切身体会告诉我：作为老师和家长，不要信誓旦旦地宣称了解自己的孩子或学生，其实真正了解和认识孩子们，并不是一件容易的事，尤其处于青春期阶段的孩子，心理上与老师、家长保持着一定的距离，他们有许多事、许多话，许多时候“欲言又止”，这就需要我们用心去细细观察，从他们的言行举止、情绪反应当中去捕捉孩子们的心理活动，甚至学生在上课时看似不经意间的小动作，老师都应该能够从中发现和抓住已经发生或者即将发生的事情，并且及时给予关心、安抚或者提醒、纠正。我们通常所说的“防患于未然”重在一个“防”字上，而用心去观察学生，走进他们的内心世界，摸准他们的脉搏，才有可能最大限度地防住未然之患。

用心去理解——这是一种换位思考，说说容易，做起来难。当初鼓起勇气，提起笔去完成《别和青春期的孩子较劲》，就是想告诉家长们，正确认识孩子们在成长过程中的过与错，对孩子多一点宽容，对自己多一些反省，给青春期与更年期的碰撞以缓冲。而今天我更想告诉我的同行们，当学生发现和认可你对他/她的理解时，他/她不但会心甘情愿地接受和尊敬你，而且接下来你的教导、指点，甚至是批评，他/她都会“言听计从”了。前不久在学校教学楼里看到这样一幕：一个初二学生从老师办公室里跑出来，撞到了一位女老师身上。这位老师十分不悦，虎着脸把这个学生狠狠教训了一顿。看到那学生满脸的惊恐，我不禁心中暗暗感叹：老师啊，学生在楼道里跑固然不对，但当他撞上您的那一刹那，他一定是在忐忑和自责了，如果这时候您能安抚并提醒他几句，表达“不是因为撞了我，而是这样跑不安全”的意思，我想，学生在内疚的同时一定会因您的和蔼、友善对您心生感谢和敬意，效果不是更好吗？给学生台阶下，其实也是老师给自己台阶下，让学生难堪绝不是老师的胜利。用心去揣摩和理解学生，给学生留有认识自我和改造自我的时间、空间和机会，这是教育成功的一个重要砝码。

心中有学生，不是每一位老师轻易就能够做到的，这是一种境界，需要为师者努力去追求。

用“情”，即用老师爱学生的一片真情，去调动、发掘和影响学生潜在的情商。用老师的爱心换学生的真情，让师生间的情缘成为打开孩子心扉的钥匙，能够收到事半功倍的效果——这是我几十年来真真切切的亲身感受。前不久，在一家商场偶遇曾经教了三年、近两年没有见面的高二女生彭晓笛，她兴奋激动地喊了一声：“关老师！”我们便紧紧地拥抱在了一起。我知道，她这不是一种单纯的礼节，而是一种情不自禁。她几乎不肯松开我，在繁华的商场里，在人们惊愕的注视下，她忘情地一次又一次地拥抱我，起码反复了五六次后，她妈妈也为这情景动容，赶紧用手机拍摄了下来。稍稍平静后我们互问了近况，道别时她再一次紧紧拥抱着我，依依惜别。一对普通的师生，怎么会如此动情？我心里明白，这是彭晓笛对我的真情回报——为了我曾经的真情付出。在三年的初中学习生活中，彭晓笛曾经患上了一种顽固的皮肤病，躯干、四肢、脖颈甚至脸上起一种粉红色的丘疹，奇痒难忍，父母亲想尽一切办法为她寻医问药，疗效却不明显。为了控制自己不去抓挠，她要求妈妈在晚上睡觉时把自己的手捆上。当时，我除去心疼她，给她以关心和安慰以外，我更注意到一点，就是帮助她解除心理上的障碍与痛苦。彭晓笛本是一个肤色白皙、如花似玉的漂亮女孩，可是严重的皮肤病让她的脸庞几乎变了形，脖子上凹凸不平疙疙瘩瘩的厚皮，还带着挠破的血痕，心理素质差一点的孩子都会拒绝见人，甚至放弃学业，可是彭晓笛仍在顽强地学习。我在感动之余也给予了她更多的爱、更多的关心和更多的照顾，我向同学们介绍了她的病情，讲述了她的痛苦，告诉同学们她这种病属于自身免疫系统的问题，没有传染性，号召同学们接纳、关心和帮助她，同学们的感情和热情都被调动起来了，大家主动问候和安慰她，和她一起聊天、游戏，有的同学还回家向父母求助，帮助她寻找治病的偏方。看到身体上遭受痛苦的彭晓笛没有造成心灵上的创伤，和全班同学愉快、和谐地在一起学习生活，我的心情也轻松了许多。今天，正在读高二的彭晓笛皮肤病痊愈了，身体、脸上没有留下疤痕，但心中却存留下了一份感恩之情。

在多年的教育教学实践中，我有这样一个体会，即要想成为一个令学生喜欢、信服的好老师，尤其是要想做一名好班主任，情商一定要相对高一些，而在情商的众多元素中，情感因素又是最最重要的，因为老师、班主任每天的工作对象是学生，是年龄虽小却也有血有肉、有思想有感情的、活生生的人，而教与学、师与生之间本身就是对立统一的矛盾体，师生之间的心灵碰撞、情感交融，是化对立为统一的最好调合剂，教师的亲和力在这对矛盾中又处于至关重要的主导地位。因此，当老师、班主任用真情去温暖孩子，用实意去感化学生时，我相信绝大多数孩子的心是可以被融化、被感染的。陶宏开教授帮助了一个又一个上网成瘾的孩子，挽救了一个又一个濒临破碎的家庭。除了他广博的知识、深厚的文化底蕴、高超的谈话技巧以外，是一位六十多岁老人的真情深深打动了曾经顽固的孩子们，让那么固执、倔强的他们不忍、不愿辜负陶教授的一片良苦用心。这中间能离开一个“情”字吗？当然，老师对学生用情还必须强调两点，一是要“真”，我曾经听到某位老师用不屑的口气说：“管他呢！又不是我的儿子，我才不多操那份心呢！”持这种心态的老师怎么可能用真情、真心善待学生。二要有“度”，不管师生间年龄差距大小，老师对学生的爱都要把握一定的度，既不是讨好学生，更不能丢掉老师的尊严。曾经有一位年轻的男性班主任，跟同学们关系非常融洽，以至于高一的男女同学都称呼他“生哥”而不叫老师，我认为不妥，及时提醒他纠正。师与生之间的情谊永远都应该是最纯洁、最庄重的。

把教育当作一份事业，而不仅仅是一种职业。热爱这份事业，就会热爱学生，对学生的那份真情就会情不自禁地流露或者瞬间迸发。

用“脑”、用“心”、用“情”是我走过大半辈子的教育之路后，总结出的经验之精华，三个字囊括了我的全部教育理念。当然，用脑、用心、用情虽然各有侧重，却又不可能截然分开。作为一名教育工作者，尤其是一线老师和班主任，如果拒绝学习，不用发展的教育理念不断修正自己，怎么可能在学生身上用心、用情？而教育事业上的有心人，一定会在不断学习的过程中寻找到与时俱进的教育方法。现在有太多太多的教育类书籍在谈教育孩子的方法，甚至给家长灌输许多具体的“招数”，而我力图向老师们、家长们介绍的，是我的教育思想和教育理念，因为每一个孩子都是独立的个体，都有着或大或小的差异，套用固定不变的模式，或者借用教育别的孩子的招数，奏效的几率不大。学习与掌握正确的、与时俱进的教育思路，才可能找到有针对性的教育方法。

用“脑”去思考教育，拓展自己的教育深度、教育内涵、教育水平，达到让学生佩服的境界。

用“心”去理解学生，你给予他们平等与真诚，才会赢得他们不设防的信服；不带有伤害的教育手段，必定会让孩子折服。

用“情”去温暖和滋润还不够茁壮的小苗，他们并不是铁石心肠，心被焐热了，也会用真情来回应。

让学生信服、佩服、折服、心服、口服，何愁学生不服！

第一章 教师的人格魅力让学生佩服

“亲其师，信其道。”这里的“亲”不是指亲情、亲近、亲爱，学生对老师的“亲”更多的是一种由衷的佩服。而真正赢得学生佩服的，是老师深刻的文化底蕴和人格魅力——这需要我们在学习中不断积累，在实践中不断修炼。

教师首先应该是学生的榜样

在“素质教育”呼声甚高的今天，教师必然面临着一个提高自身素质的严峻课题。英国作家笛福曾说过:“一个要教育别人的人，最有效的办法是首先教育好自己。”当今社会的发展，对正处在成长中的一代青少年提出了愈来愈高的要求。从学校角度来讲，就是要求“受教育者德、智、体、美全面发展”;从社会需求角度来讲，就是需要符合时代发展要求的高素质人才。而学校教育作为造就和培养高素质人才不可缺少的一个重要环节，其教育效果首先且最直接取决于每一位育人者——教师的自身素质，当然这种素质必须是全方位的、多角度的，它包括较高的文化层次、良好的心理素养、健康的身体素质、高尚的道德情操、向上的进取精神、勇于纠正错误的勇气等等，它囊括了所谓“人格”的全部内涵。尤其在今天，文化水平作为一个硬指标已经成为一名教师的最基本要求，那么性格、气质、能力、品质等就成为体现教师素质、展示教师人格魅力的重要内容。我们不难发现，在现实的教育教学实践中，学生对教师的评价标准已经不再仅仅局限于“课讲得怎么样”了，而是对教师的整体素质提出了新的要求。据报载，某机构对一部分中学生做了“你心目中的好老师”的问卷调查，结果显示，学生对“好老师”的评价标准比较集中地反映为：①知识渊博；②平易近人；③理解学生；④讲课生动。这看似简单的四点其实涵盖了当代青少年对教育者的期望和要求，也正是教师人格魅力与自身素质的体现。

用人格魅力去征服学生

长久以来，青少年热衷于追星，这种现象往往被成年人嗤之以鼻。但我在与学生的长期接触中却总是隐隐约约地感到这并不是事物的本质，在这些现象背后有一些孩子们心灵深处的东西可能我们没有发现。后来的一项调查印证了我的想法。我请一部分高一学生回答：拿你心中最崇拜的歌星与一位十分优秀的老师相比，你更喜欢哪一位？学生的回答大体可以归纳为：①没有可比性；②喜欢歌星是暂时的，崇拜老师是永远的；③让我们崇拜的老师太少了。这一调查结果使我更加清晰地认识到：第一，学生并没有真正丢失对事物的正确评价标准；第二，学生对老师的期待提高了，而这种期待是时代发展赋予他们的，作为教师，我们不能要求学生去降低标准，而只能抓住矛盾的主要方面——从提高自身素质做起，把更多的学生吸引到我们身边来。

老师吸引学生有着一个极有利的客观条件，即老师（尤其是班主任）和学生朝夕相处，老师良好的思想品质、渊博的知识、宽厚的胸怀、强烈的事业心和责任感，无时无刻不对学生有一种潜在的影响；老师的仪表、工作作风、工作能力、工作方法都会引来学生的评议；甚至老师的一句话、一个眼神、一个动作都会给学生带来意想不到的“感觉”。这就要求为人师者努力用自己的人格魅力去影响和感染学生，不仅仅局限于“为人师表”，而更应该成为学生的“良师益友”。记得那年新高一军训时，其间下起了雨，孩子们在雨中继续操练，这时候班主任们由于没什么工作，去避避雨也是无可非议的，而我毅然走到雨中陪着学生们淋雨，心中似乎有一种更踏实的感觉。同学们纷纷被感动了，一再要求“老师您去避避雨吧，我们一定好好练”。事后学生们反映：“军训时还不熟悉您，但看到您作为岁数最大的一位班主任这样做，让我们一下子就了解了您，贴近了您。”

前不久，年轻班主任杨洪杰老师遇到一个难题：一位同学在去为集体买奖品时自行车被盗，而且家长表示家庭生活不富裕。怎么办？不赔，于心不忍；赔，该由谁来赔？小杨老师求教于我，我首先提醒她，不要用“赔”这种说法，因为谁也不是直接责任人；作为班主任你首先拿出一点儿钱，在班里发出号召：“某某同学是在为班集体做好事时把车丢了，她家庭生活比较困难，大家用自己的零花钱帮她一把，献出自己的一份爱心，我先带头贡献自己的力量。”很快同学们纷纷伸出援助之手，将近200元钱饱含着师生们的情意送到了那位同学手中。我把这件事归纳为一举多得：①受损失的同学得到了补偿；②启发和调动了同学们的爱心;③增强了集体凝聚力，更重要的是杨老师的人格魅力得到了回报——在同学们中的威信和号召力进一步提高了。

榜样的力量是无穷的

凡为人师者，在传道、授业、解惑的过程中，都会不厌其烦地为学生树立各方面的榜样，鼓励学生“像某某某那样刻苦学习”，“像谁谁谁那样关心集体”，在每年3月5日的学雷锋日也会再一次地提起雷锋精神，孔繁森、李素丽、张海迪等时代楷模也会成为学校教育的重要内容，但是我们却往往忽略了学生身边最直接的榜样——老师。

实事求是地说，教师作为一种职业，无非是在学习知识的旅途中比学生先走了一步，好像在道德、情操、人格上不应该对老师有什么苛求，尤其不能要求每一位老师都像英雄人物那样成为学生的楷模。但是正像前苏联教育家加里宁所说的:“一个教师必须好好检点自己，他应该感觉到，他的一举一动都处在最严格的监督之下，世界上再也没有任何人受着这样严格的监督，因为，如果教师很有威信，那么这个教师的影响就会在某些学生的身上永远留下痕迹。”我想这里所谓教师的“威信”就可以概括理解为“教师的人格魅力”，从某种意义上来说，它对学生的影响会超过某一时期、某一阶段所宣传的英雄模范人物。全国模范教师斯霞、丁榕给她们所教过的学生以终生教诲，孙维刚老师拖着重病之躯带领学生摘取的也绝不仅仅是奥林匹克数学奖牌。即使我们中的大多数没有当选过什么优秀、先进，在教育第一线默默耕耘，我们的敬业精神、良好品格、知识结构乃至高雅的气质、幽默的谈吐等，都在潜移默化中给学生留下了深刻的影响。我校97届毕业生，现北京邮电大学的王强同学在评价他高中时的化学老师时说，“跟着王老师学化学，是我这一辈子的幸运”，因为王老师的思维方式使他终生受益。1993年一学生家长为让我给其孩子补课，硬是往我家放了200元钱，我到银行用这个学生的名字为他立了个活期存折。经过补课，中考时取得了较好的成绩，我再通过他的班主任把存折交还给了他。家长感动之余告诫孩子“这才是你一辈子该学的东西”。我推崇卢梭的一句名言：“在敢于担当培养一个人的任务以前，自己就必须要造就成一个人，自己就必须是一个值得推崇的模范。”因为榜样的力量是无穷的，而教师最应该成为学生的榜样。

人格魅力需要不断完善

作为一名教师，谁都希望自己的教育教学工作得到学生与社会的肯定，而且可以说每一位站在教育教学第一线的老师都在兢兢业业地做着自己的本职工作。但是随着社会的进步和教育事业的发展，随着人才评价标准的不断提高，提高自身素质、不断完善自身人格，已成为教师真正做好本职工作的重要前提，否则工作中将不能实现自己的预期效果。例如，有的老师课讲得十分出色，但由于缺少对学生的理解与宽容，常常是把对学生的批评、指责夹杂在教学过程当中，使学生对其敬而远之；有的老师利用业余时间给自己正在教的学生进行有偿家教，其实是在学生的内心深处降低了自己的威信；有的老师不善于接受新事物、新信息，使学生产生一种距离感等等——诸如此类的一些缺憾，都直接影响着师生之间的沟通，妨碍着教与学之间矛盾的解决，制约着“教书育人”义务的圆满完成。孙中山先生在广东女子师范第二校的演说中有“惟必有学识，方可担任教育”之说。我想，作为革命先驱的孙先生当日所言“学识”绝不仅仅是指单纯的文化知识，何况社会发展到今日，对人才质量要求的提高，使得教师这一职业愈发重要，愈发神圣，教师不再仅仅是学生与知识之间的桥梁，而是引导学生全面发展、成为合格人才的阶梯。对于教育理论的探索、专业知识的研究、思想品德的自律、教学能力的提高、教育方法的改进以及言行举止的约束、自我形象的调节等等——这一切，都是对教师人格的自我完善，也是推动教育事业健康发展的重要条件。

如果把教师的学历称为硬件的话，教师的人格魅力就是软件。硬件由教育主管部门考察，软件则只能经过广大学生的考核和验收。教师如果能够在自己的教育教学工作过程中不断完善自己，用自己的人格魅力去影响学生，将不仅仅能够得到学生的认可，更重要的是对学生的成长和教育事业的发展，将做出卓有成效的贡献。

德——师之魂

从教 32 年，担任了 27 年的班主任工作。一届届走出校门的学生们用一句“做关老师的学生是我们的幸运”对我的工作给予了肯定的评价。

我十分看重师德，经常挂在嘴边的一句话是：人才二字，“人”在先，要成“才”先成“人”。教师教会学生做人的前提是自己要有明确的做人标准，有正确的人生观、价值观。学识浅可能会误人子弟，而师无德则会害人子弟，因为教师在学生心目中就是榜样，我们的一举一动、一言一行都在潜移默化地影响着学生，要求学生做到的，老师应该尽自己最大的能力去做到、做好。

当年山东小姑娘杨晓霞因怪病截肢，引发了全社会的爱心大救援。作为一名老师，看到刚刚考上中学的小姑娘在痛苦中煎熬，我不能无动于衷了，于是拿着当时700元工资中的500元到医院去看望了她，紧接着育英中学组织的为杨晓霞献爱心的活动中，在我的影响和带动下，我所带班级的同学们表现最积极，捐款最多，让我感到十分欣慰。当时的我已经50多岁，身患较严重的腰椎尖盘突出症，但我坚持每天早晨6:30从家出发，7点左右到校，而且越是恶劣天气我到校越早，用以身作则来教育和影响着学生及年轻教师们。在我看来，师德就表现在这样的点滴小事上，体现在日常的教育教学活动中，虽无惊天动地之举，但却是为人师者不可缺少之魂。

现在有一些教师在接受学生家长的礼品、宴请时心安理得，认为我给你的孩子付出了，这叫“有来有往”。而我认为，作为教师，你在学生及家长心目中的良好形象可能就在接受了一份礼品之后而毁于一旦了。因此在经济上、物质上应该做到与学生和家长“纯净关系”。为了学生，时不时需要掏掏自己的腰包也是不可避免的。如自己拿钱买奖品，奖励进步的学生；学生生病买些水果去探望；学生家庭生活困难，适当地帮助学生；等等。

我经常向家长们讲的一句话就是：“请您不要破坏我在孩子心中的良好形象。”因为“无来有往”，我干得踏实，活得坦然。

由此，我也与学生结下了深厚的友谊和感情，学生普遍反映“关老师教会了我们做人”，而我也从学生那里收获了无与伦比的回报：2001 年 6 月 9 日胆结石并发胆囊炎，我忍着剧痛坚持上课，想撑到 6 月 18 日结束课程，但 6 月 13 日被武警总医院强留住院急诊手术，取出了令医生都感到震惊的三块大石头。术后从麻醉中醒来，孩子们挤破了医院大门，排队探望我。高三的大男孩们提出：“老师，我们想抱抱您。”然后每个人俯下身来抱抱我，贴贴我的脸，这时的我不禁感叹：此时即使两眼一闭，我心也足矣，我把这看作是学生给予我的最高奖励！对得起学生，对得起我所钟爱的教育事业，对得起把孩子交到我手里的家长们，这是我为自己制定的师德底线。

面对孩子们一双双稚气的眼睛，凡为人师者都应该有这样一种信念——师德大于天。

学会做一位“磁石”式的老师

在学校工作中，人们通常把一个教学班称为“班集体”，无论这个班级是好是差，是团结是涣散，都被冠以“集体”二字。从社会心理学角度来看，这种提法是不甚科学的，它混淆了“群体”与“集体”

的界限，降低了作为“集体”应达到的标准，忽视了集体的社会心理特点。严格地讲，并非任何的群体都可以叫作集体，只有那些开展具有团结性、高水平的整合行动，有集体主义倾向的群体，才能称为集体。一个班集体的形成，要经过一定的发展时期，经过不断的磨合，才能达到集体的水平而形成集体。而这个磨合过程，必须是集体凝聚力形成的过程。在这个过程中，班主任的教育思想以及在一定教育思想指导下的工作方法，起着至关重要的作用。

前苏联心理学家彼得罗夫斯基认为：群体从产生到形成为理论上的共同体要经过一个长期过程，其中最重要的内容就是群体凝聚力的发展。当群体共同活动中所产生的价值规范为成员们所逐渐接受时，群体就会变得更加团结、整合，群体本身也发生变化，最后形成为集体。这一理论较为深刻地剖析了集体形成的规律，我在多年从事班主任工作的经历中，对这一理论有了比较深刻的理解和认同。

1995 年秋季，新接高一（4）班后，我意识到这是一个新的群体，45 名同学来自十几所学校，新奇感、陌生感，再加上一部分没有考取重点高中的同学们的失落感等等，使他们带着种种疑虑聚集到了我的周围。作为班主任，如何从一开始就唤起他们的“集体意识”，如何尽快在学生中树立起与社会发展相一致的理想目标，如何使学生形成共同的价值观等等，成为了我思考的问题。这一切，我认为在很大程度上取决于班主任工作的第一步。一开始，我想在黑板上写下“欢迎你们”四个大字，随后立即又被自己否定了，谁欢迎谁呢？显然这样写没有把学生放在主人翁的位置上。经过再三思考，我请了书法极佳的姜校长用彩色粉笔在黑板上精心设计了“你们是高一（4）班的主人”十个醒目的大字，并针对这十个字的寓意强调了集体与个人的相互关系，从一开始就让学生树立了“高一（4）班要成为最好的班集体”的明确目标和信念，使每位同学的行动指南定位于较高的水平上，为后来良好集体的形成打下了较为坚实的基础。确立了目标和信念之后，我便从抓班集体的凝聚力入手，把优秀班集体的建设、形成作为切入点。

凝聚力——从它的字意上来解释，是一种物质内部分子间的相互吸引力，分子间的距离越小，凝聚力越大。显然，在物质结构上，凝聚力的增强取决于分子间的紧密结合。借用这一理论，社会心理学家为群体的凝聚力下了这样的定义:凝聚力指群体对成员的吸引力，是社会成员在群体内积极地活动，并且拒绝离开群体的力量，包括成员对群体的向心力和成员之间的相互吸引力。据此我们进一步引申为，群体凝聚力的增强，取决于每一个成员间的紧密团结。俗语说的“人心齐，泰山移”、“团结就是力量”不正是源于此理吗？那么作为一个班级群体，“向心力”的这个“心”就应该是班主任，即以班主任为核心，成员之间的相互吸引力应该首先是班主任对你的学生的吸引力。摆正班主任在学生中间的位置，是发挥班主任作用至关重要的一环。

我所带的高一（4）班的同学们都知道，我们这个集体一共是46名成员，即45名同学加一个班主任。我反对居高临下地去领导和管教学生，更反对以警察的面目充当维护秩序的角色。总结多年的经验乃至教训，我已经深刻地认识到：一个集体的良好秩序不是靠惩罚，而是靠集体舆论的共识来维护的，集体舆论的正确取向是一个优秀集体的生命线。我向学生们表示：我首先是他们的朋友，是这个班级中的一个成员，是高一（4）班的主人之一，我与大家对这个集体承担着共同的责任。在日常与学生的接触中，我身体力行，看到教室地面有一小片废纸或一个粉笔头，马上弯腰捡起来，然后很坦然地告诉注释我的学生："这是我的集体，我捡是应该的。"没有批评，没有责备，在潜移默化中逐渐形成了每一个同学主动维护教室卫生的习惯。尤其是每当我出现在教室门口时，前排坐的同学们会不约而同地扫视一下讲台前后，一旦有小片纸屑，也会争先恐后去捡。开学初，我本想通知几名学生带些抹布，后来再一想，我何不用行动去"通知"他们呢？于是我把带好的抹布拿到教室，告诉大家，"我可不希望我们集体灰尘满面。"话音未落，同学们纷纷面带愧色，这以后，我们教室里再不缺抹布了。课间十分钟，我和学生们在一起聊天、开玩笑、侃足球、掰腕子……上课铃声一响，我的一个眼神、一个手势，足以让同学们明白我对他们的要求，即使要制定和宣布一些硬性规定，我也以商量的口吻，让大家达成一个共识——为了高一（4）班的集体荣誉，我们应该这样做。我们班的任课老师反映：四班学生每天乐乐呵呵，心情舒畅地来上学。是的，因为首先是我把学生吸引到了我的周围，当良好的班级风气形成之后，这个集体本身就对它的成员产生了巨大的吸引力，成员之间的民主、平等、团结、和谐就充分地体现出来了。杨洋同学因病住院，家长让他做"有可能休学"

的准备，他却表示“说什么我也不愿离开我们这个集体”；重点高中落榜，带着沮丧心情走进高一（4）班的时任班长李宏亮曾感慨地对家长说：“原来并没有觉得育英中学有多好，现在感到育英中学，尤其是我们高一（4）班真是太棒了，我们特爱我们这个集体！”但他们毕竟是十六七岁的孩子，思想活跃、精力旺盛、自我约束力差等特点决定了他们不可能不犯点小错误，惹点儿小麻烦，尤其是在纪律方面，在班级组建初期并不十分乐观。几名男同学表现出了明显的两重性，即热情、活泼，能力强，但随便、散漫，纪律性差。开学初的两周，上课说话、扰乱课堂秩序的现象时有发生。面对这种情况我首先做的是调整自己的心态：首先，我认为男孩子调皮、违纪不能算作什么不正常的现象，否则还要班主任干什么，没必要大惊小怪；其次，我坚信社会心理学的观点，纪律不能单纯靠惩罚来维持；最后，不能头疼医头，脚疼医脚，仅限于抓某些违纪现象，那会出现按倒葫芦起来瓢的不良效果。于是我抓住他们的双重心理——既珍视集体荣誉，又想表现自己，分别给他们安排了不同的工作，让他们充分展示自己的能力与热情，当科代表、管投影仪、拿班级钥匙、上主席台领操、参加校文艺表演……并及时对他们的工作热情给予肯定，与此同时，让他们回忆初中时由于班级纪律不好对他们学习造成的影响（这几位同学的初中班级都号称“乱班”），从而使他们明白了纪律是集体的颜面，纪律是集体的声音，纪律是集体的风格，但纪律又不是单单为体现集体的风貌，更主要的是直接关系和影响着集体中每一个成员的切身利益，其中也包括他们自己。经过不断的协调，后来的高一（4）班提起张一鸣、王丰、焦健、张洁、何昱等几个所谓“点儿”，老师们会纷纷给予好评。在班级的各项活动中，他们充当着绝对主力的角色，得到了一种“既服务于集体，又能展示自己”的心理满足，客观上成为高一（4）班集体风貌不可缺少的一部分。

但是，凝聚力的形成仅仅靠向心力和吸引力是不能长久的。前苏联社会心理学家彼得罗夫斯基认为：群体的共同活动是群体的主要整合因素，群体的形成和发展过程本身也就是这一群体日益团结的过程。但是，这种团结绝不仅是建立在群体的情绪吸引的基础上，而是以群体成员越来越多地参加共同活动的过程为基础的。高一年级的学生，刚刚脱离稚气的少年时期，刚刚摆脱了中考的束缚，可以说他们的精神和情绪正处在最高的兴奋点上，如果作为班主任，凭着“尽快把学生吸引到学习的轨道上来”的一片好心，开口必言学习，就很容易使学生感到厌烦、枯燥，进而产生逆反心理，最终是“急于求成反不成”。而我则是紧紧抓住、充分利用学生们的兴奋点，因势利导，以增强集体凝聚力为潜在目的，搞学生感兴趣的活动，让学生在有效的活动中增强上进心，提高自觉性，建立责任感。开学后不久，全国足球甲A联赛如火如荼，相当一部分学生在家看足球，在校侃足球，对国安队员如数家珍，对国安队的“永远争第一”精神津津乐道。于是我抓住这有利时机，策划、组织了“学国安精神，永远争第一”主题班会，不失时机地提出了“人人争进步，班级争第一”的行动目标，为高一（4）班集体凝聚力的形成确定了核心的内容，每位同学的举止言行都以集体利益、集体荣誉为衡量标准，形成了一股人人向上的正气，激发了同学们的学习积极性，培养了同学们的竞争意识。一位学习自觉性较差的同学对父母讲："走进高一（4）班教室，你不得不努力学习。"今天，我们这个班无论在学习、纪律、活动等各方面都是比较出色的，基本走上了良性循环的道路，充分证明了社会心理学的一个重要理论：群体内聚力的发展，是在群体从事的共同活动的基础上实现的。

良好集体的形成与发展，还有一个不可忽视的重要因素，即集体要有一个得力的领导核心，要有较完善的自我管理机制，这是集体的社会心理特点，也正是我这个班级的显著优势。

我认为，如果把集体看作一个大圆的话，班主任作为圆点，他的周围一定要有一个小的同心圆，即得力的学生干部队伍。他们在集体的正常运转中起着重要的带动作用，使班主任的工作收到事半功倍的效果。高一（4）班组建之初，班委会的人选可以说带有一定的盲目性，是根据自我推荐结合初中老师的评语而确定的，除团支部书记和宣传委员是原本校初中毕业生外，班长来自立新中学，体委来自首师附中，学习委员来自翠微中学，文艺委员来自十一学校。由于心中没底，按我的本意就是临时性的，待相互熟悉后再进行民主选举，可如今两年过去了，几经选举后原班人马未动，得到了大家的一致赞许和认同：班长李宏亮能写会画，有较强的组织能力；体委梁海军既擅长各类体育活动，又能认真负责地做好工作，被体育老师誉为"最合格的体委"；学习委员赵静成绩始终名列前茅，学习、工作两不误;文艺委员周岚把班里的文艺、宣传活动组织得有声有色……他们各司其职，形成了较为完善的自我管理机制，成为我不可缺少的得力助手。本学期评选区级优秀团员和优秀干部，我担心有些干部得到的荣誉太多了，有可能选票不集中，于是事先告诫几个主要干部做好落选的思想准备，然后我有意离开选举现场，让同学们充分发扬民主，选举结果是:优秀干部团支书周岚、班长李宏亮，优秀团员梁海军。我既感欣慰又有遗憾:欣慰的是选票的相对集中一来表达了同学们对班级领导核心的肯定，二来体现了我们高二（4）班继续保持着良好的班级风气;遗憾的是名额有限，高二（4）班仍有精英被埋没。实事求是地说，作为班主任，我是相对轻松的，无论我去进修、续教，还是休病假离开数日，班里风平浪静，一切按部就班。活泼好动的王丰曾偷偷告诉我:“您在的时候我们也许还不自觉地犯点儿错误，您越是不在，我们越小心，时刻提醒自己不要给集体惹麻烦。”实实在在一句话，不正体现了同学们自我管理意识的增强吗？另外，“盲目”确定的班委会工作的成功，也从一个侧面反映了每一个学生都有着他内在的潜能。在一个良好的集体环境中，个人的智慧、能力及个性才会得到很好的发展，个人在集体中的角色与作用就会得到集体成员的认同，人人爱集体，集体就会爱人人，这是一种辩证的统一。

时代在发展，学生、家长乃至整个教育事业都对班主任工作提出了新的、更高的要求，传统式的批评、管教、训斥已经不是灵丹妙药，婆婆妈妈、辛辛苦苦的工作方法显然并不能得到学生的认同，他们已经拥有了太多太多的爱，而更需要的是多一些心灵上的沟通、理解和尊重。作为新时期的合格班主任，必须在潜心研究教育理论和学生心理的基础上，学会做一块“磁石”，把学生吸引到你的身边，聚集在你的周围，才能真正形成一个良好的班集体。班主任在形成良好集体中的作用正在于此！

教会孩子做人

在今天的教育形势下，无论老师还是家长，都有一个既敏感又现实的难解之题摆在面前，即：分数和孩子的道德品质哪一个更重要，哪一个更应该引起我们的足够重视？“正确答案”在理论与现实之间并不统一，而为人师、为人父母者必须确立自己的坚定信念——关注孩子的道德底线，教会孩子做人，是我们的首要责任。

自从《别和青春期的孩子较劲》一书出版发行后，有那么多为孩子操碎了心的爸爸妈妈们，似乎从我的书中看到了拯救孩子的希望，煞费苦心地通过各种渠道打听我的联系方式。新浪网连载这本书后，在众多的“网友评论”中不时地出现“谁知道关老师电话”或“怎样与关老师联系”等询问，而且与我通话的家长们所提出来的问题很集中，一般不外乎“孩子逆反，不与家长沟通”、“网瘾”、“厌学”等，而最集中最有共性的就是“孩子不学习，成绩差或者成绩在下降”，其中不乏一些重点学校重点班的学生家长为孩子的考试排名下降而忧心忡忡，找我讨“秘方”。我往往会非常坦诚地向家长亮明我的观点：其一，治孩子的“心病”没有“速效救心丸”，不能急于求成;其二,关老师绝无灵丹妙药,我只能给您一些建议;其三,我最不能直接解决的问题就是帮您的孩子提高学习成绩。在这样的前提下,我才会针对孩子的不同问题提出我的一些看法和建议,有的就直接与孩子通通话或者见个面,听听孩子们的心声,给他们一些理解、宽容和指导。

在与这些家长或孩子的交流中,我特别突出的感受有两点:第一,验证了我在《别和青春期孩子较劲》中所阐述的一个观点:不都是孩子的错,孩子身上一定有家长的影子或家长教育的痕迹;第二,家长们最关注的是什么?是孩子们的学习、分数、排名、中考、高考!在今天这种教育环境下,家长们的这种关注本无可厚非,但却引起了我另外一方面的思考:社会、学校、家庭最应该关注的本该是孩子们的道德底线,而不应该是学习成绩,因为道德起点的高低对孩子们的成长乃至一生都起着至关重要的作用。坦白地讲,在我三十年教育教学生涯中,确实有过许多让我偏爱抑或让我不太喜欢的学生,虽然在今天看来这样说不是特别合适,但这是实情,是我内心的真实感受。但是我对学生的评价,可从来不是单纯的以学习成绩为标准,我更看重孩子的情商,包括习惯、品格、情感、意志等等。而在这当中我最在意的就是他们的道德倾向、道德标准、道德底线——特别能引起我的好恶。

我所教的一个初一男生,学习名列前茅,但处处表现出的自私让我无法接受他,老师们针对他这一缺陷做了大量工作,可是在一次为灾区捐款的活动中,同学们无论是一角两角还是三十五十,都十分踊跃地慷慨解囊，表达自己的一份爱心，只有他无动于衷，没有任何表示。在我的课堂上，我给同学们讲张海迪身残志坚的故事，孩子们都被我带进了这催人泪下激人奋进的情境当中，这位同学突然来了一句:“做那么多次手术，她们家得有多少钱啊！”呜呼！不仅让我大跌眼镜，甚至引起了我心中的反感。我不敢想象，这样的学生今后考上重点高中，上了清华，上了北大，对国家、对社会的意义又会有多大——当然，我还在努力影响和教导他，希望他的德才天平不再倾斜。

我的一位老同学、好朋友，自己本身是一个老高干子弟，又在云南生产建设兵团经受过磨炼，她的女儿从小就接受了妈妈很多正面的、传统的教育，但是在成长的过程中也受了不少新思潮的影响，读高中时就标新立异，在左耳朵上扎了四个眼，戴了四枚小耳钉。妈妈很无奈，我问孩子的想法，她就说“好玩儿”。在不影响大方向的前提下家长也就泰然处之了，她也在继续努力学习，高考成绩还不错，后来又赴英国留学，回国探亲时，我们再见面，一个蛮阳光蛮健康的女孩，让我啼笑皆非的是，除去耳朵上那四个钉以外，鼻翼上多了一个环，舌头正中间还多了个钉。这时候我关心的是“你疼不疼啊？”“吃饭别扭不别扭啊？”她依然是笑嘻嘻地回答:“没事儿，好玩儿，戴两年不喜欢了一摘就行了，这不是趁年轻嘛。”按照一般传统的眼光来看，这个孩子有点另类，不会给人什么好印象。而我却不然，在与她的交往中，我认为这是一个道德起点很高的孩子，她的这一点所谓“瑕”对她的健康成长并无大碍。有一次，她从英国回来，我们在北京一家饭店小聚，由于要等座，精明的商家准备有沙发、茶水和瓜子，在那儿等位的食客们表现十分不雅，瓜子皮扔得满地满茶几都是，而且后进来的人看到这种环境，也就自然效仿。可是这时候我注意到，她也在吃瓜子，却把每一颗瓜子的皮小心地放到手心里，多了，到攥不住的时候，起身，踩着地上的瓜子皮，找到垃圾箱扔了进去——这一切做的又是那么自然。我们在一起聊天有时会聊到国家、社会等一些大事情，她不像今天很多不明是非的青少年，受大人的影响，人云亦云，表达出自己的诸多不满与不屑，而是能够正确分析一些社会现象，客观评价党和国家的方针政策，爱国之情也在言谈中很自然地流露出来。于是，面对着这个满脸钉着钉的时尚青年，我对她母亲说："这个女儿你放心吧，她的道德起点很高，道德评价标准很高，这是一个孩子成长过程中最重要的，今后一定错不了。"

"关老师，我是个混蛋，我是个逆子，我将终生忏悔……"这是我最得意的一个学生写给我的"自白书，忏悔录"（原文附后）。他叫崔岩，是育英中学2001届高考状元，以649分考上了清华大学电机系，现被保送中国科学院读研究生。我曾经是他高一、高二时的班主任，就在马上升入高三，我即将不再当他的班主任（他学理，我要去带文科班）时，他犯了一次对于他来说应该算是比较严重的错误——夜不归宿，打台球，网吧玩游戏，让爸爸妈妈、奶奶四处寻找，我急得夜不能寐，守在电话机旁，差点犯心脏病。当凌晨两点多钟电话打过来时，我失去理智哭着吼了一句："崔岩，你混蛋！”就摔了电话。于是在凌晨4点49分时，他用红笔完成了这样一篇《我的自白书，忏悔录》，除去详细写了在外面放纵自己的经过以外，更多的是反省、自责和忏悔。他自问:“我是怎么了？我是谁？是个什么样的人？想一想，真是太恐怖了。”然后又自答，“我是个自私的人……我是个太不负责任的人……我又是一个太会伪装自己的人……我原来是个卑鄙的小人……”第二天他满怀歉意地来向我“赎罪”，看了他的“自白”后我还真的反思了:是我看错了人吗？是我太高估他了？崔岩的品质有问题？经过思索与考察，我得出的结论是:崔岩就是个好孩子！他的自责太过了，他对自己的评价是言过其实的，是不准确的。他的人格、品质、心理都是健康甚至优秀的，只不过是这次犯了一个所有孩子都有可能犯的错误而已。我有充足的证据来证明我的看法。

首先，崔岩是一个要强上进的孩子，学习很努力;其次，初高中六年担任班级生活委员，认真负责，任劳任怨，老师、同学们无不称赞。而更让我看重的是他的善良、他的爱心和他的无私，确实有许多学习优秀的孩子做不到他这样。在中学班干部中，生活委员是活儿最多，最受累的，也是很多孩子不愿意接受的工作，但是他一干就是六年，而且班里的环境卫生、公物管理都井然有序，他就像个小当家人一样从不用班主任老师去操心;同学们谁的学习或生活有困难了，他的帮助总是那么自然，似乎都是他的分内事;元旦联欢会他从头到尾为同学们摄像，然后自己花钱刻成光盘送给大家每人一张;家在外地的同学寒暑假回家，他开着自家车一趟一趟接送同学，毫无怨言；班里组织活动经费不足，他说服爸爸妈妈捐助；走在街上看到乞讨的老人、孩子，他一定会伸出援助之手；甚至看到一只流浪小猫他都会抱回来收养……太多了，不可能一一细数。坦白地说，一个学习非常优秀的中学生能够这么热爱集体，关心他人，以奉献为荣，以助人为乐，而且六年来本色不改，始终如一，这能是伪装出来的吗？据此，我对崔岩的评价是智商、情商均属上乘，而尤以他的道德水准最为突出——他的心里更多的装的是他人。就这样的一个孩子，在他 17 岁时犯下了真可谓“严重”的错误：夜不归宿，在街头游荡；进网吧、台球厅，违反了校规；放纵自己，不顾及家人的牵挂。作为一名三好学生、共青团员、班干部、老师的得意门生，这些表现，用他自己的话说真的是“有点过了”，但是全面、综合地审视他时，我不但谅解他而且理解他了，他毕竟只是一个中学生，也是一个孩子，在学习、工作、荣誉众多压力之下，精神上紧绷的那根弦偶尔松弛了一下，无关大局，无碍于他的健康成长。当然，从形式上我也没饶他，忍着心疼狠狠收拾他一顿，让他下不为例。

今天的崔岩，他的人品、性格、心理、举止等诸多方面都表明了确是一块好材料。经过敲打和磨炼，必定会成为一个对国家、对社会有用的人才，因为他已经找准了做人的基点——这是根本！

一个孩子的健康成长应该是全方位的，重智育轻德育所留下的后患，要远远大于学业不够优秀所留下的遗憾。

最近，中央电视台、北京青年报、上海东方卫视等一些主流媒体，都报道了上海高二学生赵龙从大海中救起溺水儿童，被美国某中学邀请赴美交流一年的消息。《北京青年报》刊载了一段评论，题目是《美国考官给我们上了一堂“素质教育课”》，文章中说:“高二男生赵龙曾从大海中救起了一名溺水的小男孩，近日，虽然他的成绩只排到班里30名左右，却被美国路密斯·切非中学的校长所肯定，从强手如云的重点中学复旦附中脱颖而出，赢得了前往美国高中交流一年的机会。**美国考官的评价是:虽然赵龙的成绩一般，但他的综合素质很好，尤其值得赞赏的是他的勇敢精神，这是一个优秀公民的基本素质，是人生成功的一个必要条件。**换言之，在美国考官看来，一个学生的综合素质比他的学习成绩更为重要。与学习成绩相比，品德毋庸置疑是更重要的，读书差那么一点，还可以提高，但是品德却是学生的立身之本……”这则消息让我欣喜，让我振奋，它为我的观点做了强有力的佐证，关注未成年人的道德标准，努力提高青少年的道德水平，让孩子们的道德底线向上提升，这才是我们今日教育的重要使命。戏剧性的是同在上海，几乎同一时段内，还有一个事件也引起了媒体的广泛关注。一位76岁的患有肺癌的老人，在公共汽车上颤巍巍地站立不稳，于是手举病历向同车的乘客们“乞求”一个座位，居然无人理睬。无奈之下，是售票员指定一位中学生站起来，才得以让老人坐下。我不得不说，这位不知姓名的中学生与下海救人的赵龙同学相比，在“如何做人”这道考题面前，给出了截然不同的答案。这就不得不拷问我们的教育，毕竟素质教育的呼声已经持续了多年，可是我的亲身经历和切身体会告诉我，今天有的孩子的道德缺失已经显现，有的孩子道德底线、道德标准在走低，对于一个现代文明社会来说，这应该是一件很可怕的事情。我手头有许许多多这样的个案，但是从内心里我真不愿再细讲这些不该发生的故事，不愿再暴露那些令人痛心又确有其事的事实材料，但我愿意用笔把我的感悟写出来，给为人师、为人父母者一个忠告、一个提醒：与暂时的学习成绩相比，孩子们的道德、品行、心理、性格等才是决定他们前途与命运的关键所在。做人是成才的基础，高分数未必是高素质人才，在校学习成绩一般未必将来没有大出息，可是一旦道德出现缺失，人格出现缺陷，心理出现偏差，却很有可能成为社会的危险品，这样的教训已经不少了。

我国伟大的教育家蔡元培先生说："德育实为完全人格之本。若无德，则虽体魄智力发达，适足助其为恶，无益也。"

随着我国社会经济的不断发展，每一个公民接受高等教育的机会逐年增加，当千军万马挤高考这座独木桥的现象逐渐淡出时，如果年轻人、孩子们人格健全、心理健康，有较高的道德水准，对国家、对社会、对家庭、对自己都有一定责任感，那么学习将会成为一种自觉、一种愿望，而不是负担；知识成为一种财富，一种工具，而不是进大学的敲门砖——我想这不仅仅是我的憧憬，也是广大家长们的愿望，更应该是我们教育发展的目标。

虽然任重道远，但教会孩子做人永远是根本！

附：崔岩同学的《忏悔录、自白书》

我的自白书、忏悔录

关老师，我是个混蛋，我是个逆子，我将终生忏悔。

今天下午，不，应当已是昨天下午5:20，会考最后一门物理考试结束，我感觉很不理想，于是叫张启森、张小为去打台球。打了一个半钟头的台球，到了7:30左右，我们又来到了附近的一家餐厅吃晚饭。饭后，我和张小为到二院去打游戏机，虽然国家三令五申不许学生去玩，但禁不住诱惑的我们还是去了。本打算玩到九十点钟回家，但一玩起来就忘记了时间，当我感到疲惫时一看表，已经是11:45了。我们出了网吧，但却丝毫没意识到这已是我们不该在外面晃荡的时间了，我说不如到一家大排档坐坐吧，他们同意，于是我们来到了一个大排档，要了几杯水，拿出从饭馆打包的菜吃了起来。当闲聊的时候，清凉的夜风吹过，并没把我们吹醒，而是让我们完全忘却了时间，忘却了家人，忘却了关老师您。我说这话一定让您伤心透了。然而，这样，我们尚未罢休，而是更加得寸进尺，竟然冒出了去天安门看升旗的想法来。这时我才说道，那先上趟我家，拿点钱，再跟你们家长打个招呼。当我骑到楼下，听到二楼上防盗门“喳”地打开，并且有急促的脚步声向楼下跑来时，我似乎才意识到，我们闯祸了，我们有点“过”了。

我一进家，已经快2:00了，看见奶奶两眼发直，头发蓬乱，简直是要崩溃了，我的心一下子乱了。奶奶七十多了，腿又有病，从9点一直坐着等到凌晨两点，我恨不得扇上自己几个耳光。特别是当我听到电话那一边您的哭声……我简直不配当个人。我让最疼爱我的奶奶急得快要疯了，我让最信任我的关老师伤心得哭了，担心得直到深夜两点还守着我的电话，焦虑得心脏快要承受不了了。我是怎么了？我是谁？是个什么样的人？想一想，真是太恐怖了。

我是个太自私的人了，我只顾自己玩得痛快，却不管有多少关心、爱护我的人为我担忧；只顾自己玩得尽兴，竟忽略国家教委制订的中学生守则。我是个太不负责任的人了。这次事件的发生其实并不是偶然，而是长期积累的爆发，也可以说，这次您看到了我真实的一面。关老师，看到这里，您的心都要碎了吧？

关老师，您对我简直太好了。还记得您从百忙中抽出时间，亲自陪我去买家具，为我设计装修，让我有更好的学习空间；为了让我减肥，您把为您儿子买的健身器借给我用；您听说我腰疼，接连几天为我担心；今天又……关老师，我对不起您对我的器重，更对不起您和同学给我的荣誉。现在，我看着这些“优秀学生干部”、“优秀团员”的奖状，已不再是感到光荣、自豪，而是感到羞耻，感到脸上发烧（谢天谢地，我还能知“羞耻”二字）。我深知，今天我的行为严重地违背了中学生守则及校规校纪，给我任何的处罚我都情愿接受，而且我将终生忏悔。关老师，您对我的好，我永远记在心中，我想我在您的面前，将永远不再隐瞒什么;您对我的好，我无以为报，一想到您对我的好，我将永远不再允许自己再去伪装，再去做出这种事情。我虽然有种种不好，但有一点请您放心，我对您绝对不是虚情假意，我永远敬您、爱您!

在这里，我想对我未来的班主任说，如果您放心的话，我还想当高三（6）班的生活委员，我会努力地工作，但是我将永远不会再接受给予我的任何荣誉，并且愿意接受任何形式的处分，而后尽我的努力弥补错误，争取得到原谅和撤销，但我不会原谅自己，尤其一想到深夜两点时电话那头伤心流泪的关老师您。

会考结束了，我们将要告别您了。别人留给您的是优异的会考成绩，精美的礼物，衷心的祝福，而我留给您的却是您深夜的泪水，受创的心脏和无尽的伤心、失望……

谢谢您让我在这个深夜里重新认识了自己。

您曾经那么信任的生活委员，

极力夸奖的“好”学生，您的儿子:

崔　岩

2000 年 6 月 27 日凌晨 4:49

反思“学生不喜欢什么样的教师”

学校正在开展一场讨论，论题是“学生喜欢什么样的老师”。随着社会的发展，国家的开放，这个议题确实成为一个不可回避的实际问题呈现在每一位教育工作者面前。每一位一线教师也都在思考这个问题，得出的正面结论无外乎“有爱心”、“理解学生”、“对学生一视同仁”、“知识渊博”等等，不管做得到做不到，似乎大家心里都明白。我却想换一个角度，反思一下学生不喜欢什么样的老师，用学生的话来讲，就是“别看他（她）是老师，我们不佩服！”对一些不符合时代要求的传统观念进行简单的剖析，这样也许更便于解决我们自身存在的一些问题，提高我们的教育水平。

“教师辛苦说”：当教师辛苦是不容否认的事实。虽然从最近几年来看老师的待遇在提高，但是收入与付出之比还是有一定差距的。因此一些老师面对不听话的学生会发出“我整天为你们忙，容易吗”、“我为你们操心头发都白了”、“我一天到晚这么累，你们怎么连一点同情心都没有啊”等等感叹或抱怨，以博得学生的理解甚至同情，但实际效果并不佳。学生非但无动于衷，还在背地里称这些一天辛辛苦苦、忙忙碌碌、事无巨细、婆婆妈妈的老师为“事儿妈”。因此，对于今天的学生来说，老师辛苦未必受学生欢迎，辛苦未必就是好老师，辛苦两个字今天已经不足以评价老师工作的成败，而为师者的技巧和艺术是对辛苦的完善和补充，研究教育对象，摸索教育规律，提高教育水平，增强教育的艺术性，让自己尽量不累，也能做个好老师，而且是高水准的老师。

“恨铁不成钢说”：教师都是爱学生的，但是由爱生恨——学生总达不到老师的要求，期望越高失望越大，于是就产生了“恨铁不成钢”的意念和做法。批评、惩罚甚至有一些过激的语言或行为，用一句“我不是恨铁不成钢嘛”，把“不成钢”的责任全推到了“铁”的身上，老师只剩下咬牙切齿的“恨”了。殊不知好钢是冶炼锻造而成，不是恨出来的。经全国模范教师魏书生之手，改变了多少让其他老师束手无策的学生，我由衷地佩服。我们如果把“恨”学生，变成“恨”自己的冶炼技术和锻造技巧不精，多些学习与借鉴，在内功上多下功夫，可能出好钢的几率就会大大提高了。

“动机是好的说”：从媒体上我们了解到，教师体罚、伤害学生的事件禁而不止，屡屡发生。发生意外后，学校领导出面往往强调“这位教师是位工作十分认真、非常负责任的老师”，甚至有的是刚刚被评出的优秀教师。而当事者本人则强调“我的动机是好的”。其实“动机与效果的统一”的理论身为教师不会不懂，为什么事到临头个别老师会不考虑效果甚至后果，做出过激行为呢？因为当时学生的做法很可能是违背了老师的要求，伤了老师的心，触犯了老师的尊严，甚至让老师难堪下不了台……能说这动机都是好的？难道这动机里没有私心吗？当老师作为学生面前的一个强者，太过顾及自己的面子和自尊时，就会在冲动中忘记了自己最初的良好动机。

“老师厉害才能镇得住学生”：在旧的传统教育中，“厉害”是一些老师的专利，是学生评价某些老师的专用形容词。而不可否认的是，这些老师的“厉害”使得课堂纪律相对稳定，班级秩序看似井然，确实在传统的教育教学中起了一定的积极作用。但是今天的学生见多识广、思维活跃、自主意识强等特点，使他们不再惧怕厉害，而更认可“以理服人”。当然，学生们有很多不讲理的时候和无理狡三分的事情，这时候老师要是提高嗓门、拍桌子瞪眼采取高压政策，其实自己已经败下阵来——因为你理屈词穷了，当时教室里鸦雀无声的效果一定是表面的，也是暂时的。如果教师不能很好地划分厉害、严厉、严格的界限，非常有可能在某一天使自己陷入尴尬的境地——因为学生不服你！我始终坚信：让学生怕不是好老师。

“学生喜欢或不喜欢什么样的老师”，这是一个讨论不完的话题。因为随着社会的发展，许多事物和观念都不是一成不变的。在我看来，让学生喜欢还相对容易，让学生服则更难。如何成为一个真正意义上的好老师，让你的学生当时能够接受你、亲近你，离开若干年后记得你、怀念你，只能在实践中去学习、去探索、去完善，去朝着这个目标和境界努力。我愿意把它概括为一个字——“悟”，要用心去悟，悟出道理，悟出规律，悟出方法，悟出自己的差距与不足，才不至于在飞速发展的改革与创新形势下掉队。

第二章 平等、真诚与理解的方式让学生信服

“亲其师，信其道。”学生凭什么信你所传之道？为什么同样的“道”有些却不被学生所接受？因为他们是孩子，孩子的特点是“先信其人，后信其道”，只有他感受到了老师的真诚与理解，才会对你所传之道有发自内心的信服。

师生间理解的“时间差”

北京教育学院何立婴教授的一次讲座，从社会心理学的研究角度提出了对一位合格教师的基本要求：对于你的教育对象——学生，要做到真诚、理解、接受。我十分赞同何教授的观点，我的体会是：对学生真诚，绝大多数工作在教育一线的老师们都是可以做到的，尽管程度有所不同，尽管教育手段和教育方法上有种种缺憾，但投身教育事业的老师们对学生的真诚是不容置疑的。自己在教育教学第一线摸爬滚打了几十年，亲眼目睹和亲身感受了我的大多数同行们对学生的真诚。接受学生，也是大多数教师做得比较好的，因为作为教育者，我们没有选择学生的权力，只有传道、授业、解惑的义务，不排斥学生是依法执教的具体体现，是师德的底线。可能在现实中确有个别学生，难以让老师从内心接受，但是我能够感觉到，老师们在试图改变学生的同时，也在努力地改造着自我。我从教31年，没有从我手中流失过一个学生（包括转学、退学，甚至学校正准备开除的学生），我就是时常在提醒着自己：上学是他们的权利，接纳、宽容他们是我的义务。但是说到理解，往往会勾起许多老师的满腹牢骚：“总让我们理解学生，谁理解我们呀！”是啊，理解应该是双向的，理解需要有情感作铺垫，难道学生都是冷血动物，永远理解不了老师们的一片苦心吗？

师生间的理解需要一个“时间差”，老师对学生的理解应该是“现在进行时”，老师在教育、管理学生时多一分对学生的理解，就可能多一个实施教育的契机，也就增加了一份实现教育目的的希望；而学生对老师的理解却是“将来时”，因为学生处于弱者地位，他们的不成熟、不理智，他们的戒备心态、逆反心理往往使孩子们不会换位思考，也不愿去违背自己自以为正确的意志，所以就做出了不理解老师的种种行为表现，让老师们心里很不平衡。其实，学生也是有感情的，他们也能够理解老师，但他们对老师的理解往往是在时过境迁之后，这就是师生间理解的“时间差”。

迟到的道歉

郝齐，初中三年确实是个“双差生”（真的不愿这样评价他，但从品质到学业确实糟糕到了极点）。但我从没有放弃过他，谈话、家访、建立联系本等等，我使出了浑身的解数，付出了大量的心血，但是由于成绩太差，初三毕业时学校没有给他毕业证。离开学校前夕，由于冒领同学的30元钱，我又批评了他。毕业离校那一天，他在教室黑板上留下了一行大字：关老师是王八蛋。我委屈，也有愤怒，但是我坚信有一天他会自责的。没过多久，他找工作需要初中毕业证，我毫无怨言地到学校教务处为他说情，把毕业证交到他手里。不出我所料，一年以后，他醒悟了，明白了，到家里来看望我，表达了深深的歉意。虽然这是迟到的理解，但我认为够了，因为这既是理解也是一种安慰。

日久见人心

郭滔，一个个性非常强的男孩，什么事总是有自己独到（但不一定正确）的见解，尤其爱关注社会阴暗面，继而发表一些偏执的言论。高中三年里我没少为他操心，可是总感觉得不到他的理解，甚至在同学们赞扬我时，他却用“虚伪”二字来形容和评价我。我苦恼过，但我不服输、不甘心，不相信用自己的真情感化不了他。于是借一次聊天没聊完的机会，下午放学后我跟他一起回了家（他自己住一套房子），那可真是彻夜长谈，我们聊国家、聊社会、聊学校生活、聊个人意志，互相交流对对方的看法，直到后半夜三点，稍稍休息了一会儿后，我们又一块儿来到学校上班、上学。就从那天起，郭滔变了，理解了老师的苦心，端正了自己的行为表现，顺利考上了大学。大学毕业后见到我，十分动情地表示:工作后的第一个月工资我要给您花。我十分欣慰,因为此时他对我的理解是理性的，是最深刻的，最真挚的，因为他长大了;而在我们师生交往和互动的过程中，学生对老师的不理解是暂时的、是表面的，甚至是没有理可以讲的，因为他们毕竟是孩子。

自从确立了“理解时间差”这种观念后，我感觉做学生工作更得心应手，更乐于投入，更增强自信了，而且每每在理解对方、换位思考的前期准备中就会萌发出许多解决问题的新办法，甚至“绝招”，不会再为跟学生较劲而钻入死胡同，免去了很多烦恼。因为我的理解、宽容或早或晚总会得到学生的理解和回报。

明白话

初二学生王京家长找到我，诉说孩子由于上课捣乱被停课、请家长，感到十分苦恼。我在与王京接触中发现这孩子品质并不坏，也很聪明，就是纪律性太差，随意性太强，调皮捣蛋、给老师出难题是家常便饭。但他也向我“控诉”了老师许多的“不是”，我听后一个十分突出的感觉就是师生间的理解、沟通不够，乃至产生了“敌意”。例如：中午放学铃声响了，老师没讲完，拖堂七八分钟。其实大部分同学已经坐不住了，但敢抗上者毕竟是少数，而王京就是这少数人中的代表人物。他往空中不停地扔笔，接住，再扔，再接住，故意弄出动静来引起老师的注意，结果老师勃然大怒，他的下场可想而知。可是王京在给我讲这个事件时却在反复强调，“我也知道老师为我们好，老师也饿着肚子呢，可当时她对我们那么凶，老师也不能不讲理啊。”虽然这是事情过后他说出来的“明白话”，但他毕竟还是能明白，能理解老师的做法的，如果当时这位老师能够站在学生的角度上，变换一种方法和态度，这场师生纠纷不是完全可以避免的吗？

人常说，教育不是万能的。我要说，教育也不可能都会收到立竿见影的效果，所以当老师切不可急功近利、急于求成：我一说，他就听；我一批评，他就改正；我一付出，立刻就得到理解和回报。那教育还有什么研究的必要，教育事业的科学性和艺术性如何体现？做人的工作本身就是有一定难度的，何况他们还是未成年人。

我们今天是教育者，但我们也曾经是被教育者，也曾经有过期盼理解的渴望。学生在年龄上、学识上与我们有着不小的差距，那么在对我们的理解上也应该允许有这“时间差”。

如何正确面对学生的“差”

54 岁的我在孩子们的怂恿和鼓励下，走进了瑜伽馆，不为改变形体，只为锻炼身体——据说这是一项缓慢、柔和的运动。

温暖的室温，柔和的光线，轻松的音乐，冲完一个热水澡，坐在温热的地垫上，听着年轻漂亮的女教练用甜甜的声音介绍瑜伽，讲动作要领，好惬意啊！真是一种享受！可是这种美妙的感觉却瞬间即逝，因为放眼一望，与我同班学习的基本上都是妙龄女郎，二十岁左右的居多，即使是三四十岁的，也都身材不错，像我这样五十多岁又矮又胖的，绝对仅此一例——“自卑感”油然而生。

老师一再说明，每一个人对每一个动作都不要强求，根据个人的身体条件，能做到什么程度就做到什么程度，要循序渐进，以免受伤。我尽最大努力去完成每一个动作，由于身体僵硬，无论如何也做不到位，而且腰、腿、胯都被拉得生疼。我咬牙坚持着，用手一把一把抹着脸上的汗水。即使这样，心理上的那种难为情、不好意思，甚至怕人讥笑的感觉仍旧挥之不去，因为我知道我的动作不美，在这里我是个名副其实的“差生”。

每一次的练习是 90 分钟。当练到第三次时，我开始动摇了——

还要坚持吗？也许这项运动根本就不适合我。就在我心猿意马之时，教练走到了我身边，一面给我纠正一个难度挺大的动作，一面轻轻地说了一句:“阿姨，您非常棒！”哎呀，这哪是一句话啊，简直就是一道带着强光的闪电，瞬间让我心头一亮（这是当时真真切切的感受，一点儿都不夸张），舒服、高兴、感动，甚至有几分得意，那种感觉真是好极了！于是我更加卖力气，更加坚持。奇怪的是，当我再偷眼环顾四周，发现还真有年轻人做得也并不到位，或者坚持的时间比我短。我突然发现了自己的优势:认真，耐受力强。就从这一天开始，我信心大增，顺利完成了10天一个周期的训练，效果不仅显现在身体上，更重要的是让我的人生又增加了一份自信。

训练结束时，我没有忘记对老师说一声“谢谢”，对那一句“非常棒”表达我的感动。小老师告诉我，她是幼儿教育出身，最了解激励的巨大作用。这句话深深刺激了我——我，我的同行们，我们是否有意无意地忽略了这种正面的激励作用呢？作为瑜伽馆里曾经的“差生”，我开始反省、思考——

首先，客观地讲，在老师们的眼中总会有一些孩子是“差生”，尽管目前的教育导向、主流媒体都在抨击这种提法，专家们推出了“没有教不好的学生，只有不会教的老师”的高标准理念，老师们也很识时务地轻易不会把“差生”两个字挂在嘴上，但是我敢说，“差生”的概念在绝大多数老师的意识里是存在的,我本人也不例外。“差”是一个相对的概念，一个成人也好，一个孩子也罢，总会在某一方面有他的优势，某一方面有他的劣势，这是一种客观存在。尤其在学习这种可以量化的活动中，成绩的优劣，分数的高低，起码到目前为止仍旧是一种重要的评价标准。而在老师们的眼中，所谓“差生”首先就是学习差，甚至是极差，如果这样的学生没有什么品质、纪律方面的问题，一般被视为“单差生”，老师们在尽力帮助他们提高成绩之余，往往会发出惋惜的感叹：“别提学习真是个好孩子！”可是真正让老师们头疼的，是一部分不学习，行为习惯差，甚至出现了道德缺失或人格缺陷，一天到晚惹是生非的学生，即所谓“双差生”。据我所知，在一般的普通中学里，这样的学生哪个年级都会有几个，让你不得不用“差”来评价他们。我的一个学生，小学毕业刚刚升入我校初中，就引起了一些家长的哗然：你们学校连他都录取进来了，肯定好不了。而且马上付诸行动——认为自己孩子学习不错的数位家长纷纷退费转学，理由是跟那个孩子曾经是一个小学的同学，太了解他了，担心他扰乱学校教学秩序，担心自己的孩子受他的影响。作为学校方面来说，我们对这些家长的做法是持反对意见的，因为在我们看来，都是十二三岁的孩子，受教育的机会应该是平等的。为此，家、校双方搞得很是不愉快，最终还是有几个非常不错的学生，还没踏进我们学校大门就“流失”了，转到了其他学校。作为负责这个年级工作的年级组长，我当时暗下决心，一定要尽我最大努力做好这个学生的工作，用他的转变去回击那些曾经歧视他的家长，用他的进步来证明我们学校的教育教学能力。可是令我感到无奈与悲哀的是，一年半的时间过去了，正在读初二的他，抽烟、喝酒、撒谎、打架、破坏公物、扰乱课堂纪律等等无所不犯，就是不学习，成绩始终排在年级末尾，几乎没有一门功课能考及格的。我和教他的所有老师们使出了浑身的解数，鼓励、表扬、批评、处分都无济于事。学校明令禁止带手机，他家长给他买了，并允许他带到学校；他准备与外校的学生打群架，他爸爸开车在后面跟着他，帮他去摆平；他在住宅小区与人合伙撬自行车被派出所带走，他爸爸托人去“捞”他。您也许会说，这哪是孩子差，这是家长差，是家庭教育差。而我要说的是，就是由于家长差，家庭教育差，才造就了这样的一个“差”孩子。在一次请来他的父亲时，他刚刚开口说：“这孩子真可恨！”我立即抢白了他一句：“可恨的不是孩子，是家长！”凭学校和老师们的力量，争不过他家长对他的教育与影响，所以说这个“差”字是回避不了的。就某一个人的某一个方面，或者就某一件具体事物来讲，有好，就必然有差。我敢说我在教育教学方面是优秀的，但是在瑜伽馆里我就是一个“差生”。高考按分数录取，不是说明大学有档次上的区分吗？当前进中学“择校风”的盛行，不就是因为有优质校和基础薄弱校的区别吗？学生们挑老师，不也说明了教师的教育教学水平有高低之分吗？即使是人类的遗传基因也是有优劣之别的啊！所以我的观点是：对于我们的教育对象——学生来说，本质上都是好的，因为他们毕竟未成年，人生观、世界观还没有确立与形成。但是许许多多的“差”又是客观存在的，比如：有的学生学习态度不端正，学习成绩差；有的学生行为习惯不好，纪律观念差；有的学生自我表现意识强，人际关系差；还有的心理素质差、自制能力差、集体观念差；等等。诸多“差”的现象会在不同的孩子身上以各种形式体现出来，老师们完全没有必要刻意回避这个问题，因为这样是违心的。但是，我也反对把“差”与“生”两个字连起来戴在学生头上，因为“差生”二字有盖棺定论之嫌，有贬低歧视之意，会产生伤害学生自尊的不良后果，反而增加了教育管理促其改变的难度。

其次,老师如何去正确面对学生的“差”？发生在瑜伽馆里的一幕，对我很有启示，让我有了一个新的认识。作为一线教师，我已经感受到了教育理念的不断更新和教育手段的日益改进，那种传统的，以威严、压制、批评、惩罚为主的教育正在渐行渐远。无论老师们是否情愿，是否认可，“师道尊严”正在淡出学生们的意识。北京市某区的教育同仁不就曾经提出了“学生上课迟到进教室不用喊报告”和“老师批评学生先请学生坐下”的举措，并在媒体上着力宣传了一把吗？所以今天的老师们面对受教育者真有点战战兢兢的感觉。“告诉孩子你真棒”、“好孩子是夸出来的”等教育观点老师们是乐于接受的，表扬、鼓励等手段已经贯穿于我们的教育教学活动中，但是瑜伽老师“非常棒”三个字让我突然意识到两点:第一，我们表扬学生的侧重点在哪里？尤其对那些学习能力差，成绩不好，或在某一方面有明显弱点，而又有自卑心理的学生，老师们在竭力发现和寻找他们的闪光点，并且在与学生或者家长交谈中给予充分的肯定，在学生鉴定里给予充分的体现，例如:对学习基础薄弱，成绩不理想的学生，往往用“善良可爱，热爱集体，团结同学，品行端正，遵守纪律”等等。然而这些看起来是赞许，但实际上大多数孩子都能够做到，这种表扬起不到太大的激励作用。再例如：对那些调皮捣蛋的学生，往往肯定的是他“聪明、活泼、热情、乐于助人”等方面，其实他们自己也明白这些是自己的优势，老师不过又帮他强化了一下而已。还有一部分自己学习很优秀，但却比较自私、不关心集体的学生，老师们更是要着力肯定他们的“学习态度端正，学习自觉性强，成绩优秀”等显而易见的特点。而对于上述三种学生的劣势，老师们一般都会以“希望”的口吻一带而过——“希望在学习上再努一把力”，“希望能严格要求自己”，“希望多关心班集体，帮助同学”。这种表扬与希望越来越流于形式了，对孩子的心理与神经触动不大，作用也就微乎其微了。试想如果有人赞扬我“关老师，您真是个好老师，好班主任”，我不会喜形于色，更不会激动万分，因为这就是我的长项，只不过又听人多说了一遍。可是当我在瑜伽馆里怀着自卑心理，认为自己不行，又生怕别人说自己不行的时候，突然间听到这么简单的一句“阿姨，您非常棒”，却能立即触动我的心弦，使我信心大增，收起了打退堂鼓的念头，这是多么明显的效果啊！所以，我得到了一个新的启示：老师要善于发现学生弱点中时隐时现的闪光点，让孩子们感觉到“在我的不行中也有能行的时候”，这样的表扬对孩子们来说是最珍贵的。一个厌学的孩子，就是不想学习，不爱写作业，数学成绩极差，甚至想到过轻生，当他偶然考了一次46分时，我不仅当面向他祝贺，给予鼓励，并立即陪着他给妈妈打电话报喜（因为以往给家长打电话都是告状），孩子在流泪之后的表现就是对学习数学越来越上心，成绩有所提高了。第二，老师要掌握表扬学生的最佳时机。孩子肯定都是有优点的，但是有很多所谓的“问题学生”却总是在掩盖自己的优点，因为他们已经“习惯”听批评了。所以作为老师不仅要善于捕捉孩子身上的“闪光点”，还要及时给予肯定或者赞扬。我认识的一个12岁初一小男孩,习惯极差，最大的问题就是随便、自由散漫，自我约束力差，教他的老师们伤透了脑筋。一次刚下语文课，班主任老师当着他的面向语文老师询问:“这节课他的表现怎么样？”语文老师回答:“挺好，这节课没惹事。”这学生心头一喜，想听到班主任老师的进一步肯定时，就听到班主任毫不留情地来了一句:“你把你那狐狸尾巴给我夹紧点儿啊！”多么可惜啊，就这么轻易地丢掉了一次激励孩子的机会。孩子过后跟我表示:“我表现好也没用，老师不会表扬我的！”他还反复强调，“挺好两个字又不是我自己说的，是语文老师说的。”他的话给我一个突出的感觉，就是他特别看重“挺好”这个评价，而这位班主任却明确表示“从你身上我实在找不出一条优点来”，连学生想好、想进步、想听表扬，这最起码的自尊都没有发现。当我下决心接手这个学生，第一次带他走到学校心理辅导室门口时，他不愿意进去，理由是怕同学们看见说他心理有病。好不容易被我说服进去了，没聊上几句，门外有人敲门，他以极敏捷的动作快速躲到了屏风后面。我认为，他的这一心理活动和表现，恰恰反映出了他的自尊心没有泯灭，而这正是一个孩子转化的基点。针对他的这种心理，我及时表扬了他，他也马上做出回应，表示愿意听我的话。还是这个学生，在一节音乐课上让老师非常生气:我们的音乐课在阶梯教室上，能容纳150人左右的阶梯教室,一个教学班上课只坐前面的三四排就够了,后面多排椅子都空着。这一天上课时,老师让后排同学去把门打开,老师的话音刚落,马上有几个热心又好动的孩子站起来,抢着去开门。这时候,坐在中间位置上的他迅速蹿上座位,踩着一排排椅子,第一个冲到门口把门打开了,他正在得意于自己的“快”时,招来了老师劈头盖脸一顿批评。我想,如果就这件事,老师分两步来处理——首先表扬他争着为集体做事,给予肯定;然后再指出踩椅子是破坏公物,把好事变成了坏事——从道理上让他明辨是与非、对与错,也许效果会更好一些呢!另外,我还主张给学生创造受表扬的机会,让学生尽可能多地去体验成功的快乐。比如新学期快开学时,我打电话嘱咐一些“不太会”关心集体的孩子:经过一个假期,教室桌椅会很脏,你让妈妈给找一件旧衣服扯一些抹布带去,同学们会感谢你的。开学第一天,我会假装事先不知道这件事而当众表扬他,既激励了他也教育和影响了其他有心的同学。

前不久,一个个性很强,独来独往,很难与同学沟通,不太招同学喜欢的小男孩,突然煞有介事地对我说:“关老师,坏了,我们家出事了!”我一听,赶紧问他(在学校里我是他唯一的听众):“出什么事了?”“我们家有一种花长疯了,到处都是。”我暗自觉得好笑,但还得围绕他的这个话题让他继续说,于是我弄明白了:他们家有一种沙漠植物,他叫它“莲花宝座”,特别好养,长得非常快,掰下一枝插上就能活。我说:“那就送给我一小棵,我把它养在心理辅导室,来象征咱俩的友谊,好吗?”他非常愉快地答应了,我马上得寸进尺:“你带一盆来送给同学们，放在教室里，让大家跟你共同呵护、共同分享多好啊！”他也爽快地同意了。然后我嘱咐他的班主任:“花拿来后你要大张旗鼓地表扬他，一方面让他体会为集体做事的乐趣,另一方面让同学们能够接纳和善待他。”后来的事实证明，这件事在当时对他确实起到了很好的激励作用。一个孩子的成功或者进步，确实需要他的主观努力，但对于小学生和初中生来说，他们的心智还不成熟，思维不够全面，心理比较脆弱，情绪不太稳定，自持自制能力比较差，期待赞扬，渴望成功，羡慕优秀，是他们这一群人的共性。那么家庭、学校、社会、老师、家长，都应该尽力去为孩子创造成功的机会，让孩子建立起“我不比别人差”的信心，才是至关重要的。

总之，评价一个成人也好，评价一个孩子也罢，或者就是评判一件事物，都有好与差、优与劣、先进与落后之分，关键在于如何辩证地去认识和对待这些相对的差与劣，把坏事变成好事，这尤其考验一个为人师者的教育水平和教育能力。

我要感谢只有 25 岁的高娟老师，是她的一句鼓励引出了我的联想与思索，给我这个无论年龄、教龄都远远超过她的“老教师”上了一课。

学无止境啊!

教育不是填满水桶，而是点燃火焰

那是1997年一个夏日的傍晚，家中电话铃骤然响起。一个抽泣着的声音从听筒中传入我的耳膜："关老师，我烦！我受不了了！"然后就哽咽住了。这是育英中学高三学生刘强，我是他初中三年的班主任。上了本校高中后我虽然不教他了，但一直保持着联系，尤其是当他有什么苦恼或遇到什么烦心事时，都会找我来倾诉。今天这是又心情不舒畅了，而且看来问题还比较严重，否则一个18岁的大男孩不至于痛哭流涕。

"烦？来我家吧，现在就来！想哭到我这儿来哭，想说来跟我说，我在家等你！"因为相当熟悉，所以我很干脆。

天气炎热，家里还有人，于是我索性下楼，坐到楼门口的石台上等待他的到来。十几分钟的工夫，穿着拖鞋，手里拎着块大毛巾的刘强来了。一见我真像见了亲人一般，还没张口说话，眼泪先下来了，看样子真是一肚子的委屈。我没有马上劝慰他，而是直截了当地说："想哭先哭，哭够了再说，有什么委屈都倒出来，我听着。"于是他开始"控诉"他的父亲：整天唠叨；我永远都没有做对的事情；只能看我坐在书桌前学习；休息时规定只能散步，不许打篮球；不讲道理……。总之，父子之间互不满意，矛盾加深，作为孩子又不敢太反抗，于是越来越压抑，甚至有时在房间里大喊，用拳头砸玻璃板，以发泄心中的郁闷。

其实不用刘强多说，我太清楚他们父子之间的芥蒂了。初中三年爷俩之间的摩擦就没断过，真可谓冰冻三尺非一日之寒。而在我看来，矛盾的主要方面不在孩子，在这位父亲。

刘强的父亲是某部研究院的高级工程师，一位老大学生、知识分子、科技人才。他最得意的是自己从小学习优秀，尤其读大学期间学习成绩名列前茅，用他自己的话说就是“永远的第一名，第二名的时候都少”，而且这句话反复在说，对我这个初中班主任说了无数次，孩子上了高中又接着跟高中班主任说。说心里话我们都觉得有点絮叨了，孩子只会比我们听得更多，能不烦吗？更要命的是，由于家长自己的优秀，也就无形中提高了对孩子的评价标准和期望值，不说青出于蓝而胜于蓝，起码孩子像自己一样优秀才“合情合理”。另外刘强有一个姐姐，由于种种原因没有考上大学，成为这位父亲心中的一个遗憾、一个痛点，他把对两个孩子的期望集中到了刘强一个人身上，让“儿子把女儿留下的遗憾和损失补回来”才能了却他的心愿，满足他的虚荣心。于是刘强的学习和成绩就成为他们这个家庭的重中之重，核心之核心。当刘强还在读初三时，由于他身体素质好，体育方面有一定特长，一直在班里担任体委工作，又是校田径队队员，每周有两天下午放学后要参加训练。这位对儿子永远不满意的父亲坚持认为参加田径训练分散精力，影响学习，几次动员孩子退出都遭到了孩子的抵触和拒绝，于是终于动用了当父亲的威严，直接到学校找到我，并通过我再找学校体育组梁老师，一厢情愿地坚决要求孩子退出田径队，丝毫没有商量的余地。当时的一个细节至今让我历历在目:这位父亲与梁老师面对面坐着交谈，我在旁边陪着，刘强一旁垂手而立，当听到他父亲不容质疑的“必须退出”时，眼泪夺眶而出，双手紧紧地握成拳头，这双拳让我看到了孩子的愤怒与无奈，如果这里坐的不是他的父亲，他一定会把拳头挥起来，甚至打出去，但是在微微的颤抖中，儿子在父亲面前只能压抑和屈服。

上高中后，家长的神经绷得更紧了。刘强在紧张的学习之余要承受着父母（尤其是父亲）永无休止的教导、指责、要求甚至是训斥，不用说打篮球、看电视，就连学习中间的休息也规定为只能散步，不允许干别的。刘强经常到办公室找我，一见我没别的话，就是一个字:“烦！”我曾经毫不客气地对他说:“把你人生字典当中的那个烦字抠掉！学习比你好的，学习比你差的，谁像你一天嘴上老挂着个烦字？”其实我心里明白，我这是在偷换概念，转移问题的焦点。因为他并不是在为学习烦，而是在为家长给予自己的压力而烦躁不安。可是我确实是黔驴技穷了，为他们父子之间的问题我没少操心，没少做工作，不但没什么效果，刘强父亲对我的教育理念和对他的劝说已经不认同，甚至持反对意见了。

今天刘强在又一次遭到父亲的呵斥后，心中的积怨爆发了，边哭边拨通了我家的电话。见面后，他又絮絮叨叨地控诉了他爸爸的种种不是，内容都是我耳熟能详的。我连哄带劝，也不过是老生常谈。大约一个小时过去了，看他情绪稳定下来了，我说:“你走吧，慢慢骑车回家，不要着急，注意安全，利用你在路上这段时间，我给你爸爸打电话。”电话打过去，我把刘强的心理活动委婉地进行了通报，并谈了我的看法，尤其提醒家长不可让孩子的心理超负荷，否则会适得其反，学习成绩非但达不到家长的满意，还可能出现更严重的后果。电话那头，刘强父亲仍是一个劲儿地埋怨，对我的忠告不置可否。我知道我的努力不会有明显的效果。

第二天是星期六，上午10点半左右，电视台正在转播美国NBA总决赛。我想到刘强是初高中六年的体育委员，酷爱打篮球，这么精彩的比赛他能不渴望饱饱眼福吗？想到此，我又拨通了他家的电话，正好是刘强接的，我问:“你在干什么？”回答:“上完数学课刚回来。”“然后准备干什么？”“接着学习呗！”“NBA总决赛正在转播,想看吗？”他捂住话筒,压低声音说:“想！特想看！”“把电话给你爸爸，我跟他说，让你看，但你要保证看完后全身心投入下午的学习。”“行！我保证！谢谢关老师！”他爸爸接过电话后，我把我的想法、刘强的态度传达过去，我明显感觉到这位父亲的不情愿，我给他分析了“此时此刻的学习是被动的，是被迫的，是心不在焉的，是低效率的;而看完篮球后，让他得到了精神上和心理上的满足，再学习时他是主动的，情愿的，甚至是对您带有歉疚的，效率肯定会更高”。我的诚恳还是打动了他，刘强获得了“特赦”，看了整个比赛的最后两节。据说比赛结束的哨音一响，他就迅速关掉电视，不无夸张地喊着“我学习去了啊”返回了自己的房间。我猜想，刘强这时候的心里甭提有多满足了。

从那一天起，我心里却背上了一个不大不小的包袱:高考刘强万一考砸了，他父亲非怪我不可。结果还不错，高考正常发挥，考上了他认为理想、他父亲也还认可的学校，虽然在外地，但却正如其所愿——“逃离”北京，“逃离”家长的监管，过四年自由自在的大学生活。

刘强已经大学毕业了，正在自己的事业上拼搏。我们始终保持着联系，直到今天，他工作上、生活中遇到什么烦恼，仍旧会找我来倾诉。

抓住青春期教育的契机

一位年轻的新班主任打来电话，向我诉说了一件她认为十分棘手的“案件”——课间十分钟她走进教室，看到一个女同学正在揪打一男生。她不由分说厉声制止，并把批评的矛头指向了身为班委的这位女同学。该女生很不服气地说，“他骂我月经失调！”引起全班同学哄堂大笑，让这位二十出头的年轻女老师十分恼火。她认为这个女孩子太坏了，脸皮这么厚，于是叫到办公室一通指责，其他一些老师甚至建议“找家长”、“在全班做检查”，大有一种“不处理不足以平民愤”的阵势。束手无策的小刘老师向我发出了求助信息。

听完事件的全过程，我首先劝这位小老师冷静下来。事情并没有她认为的那么严重，初一这个年龄段的孩子没有那么复杂，对于“月经失调”的含义还似懂非懂。老师出于传统的心理认为女孩子把“月经失调”四个字说出口就是不知羞耻，就不可原谅；而对于惹起事端的男生却高抬了贵手，这对于那个女生来说是不公平的。我的建议是:①没有必要请家长，因为这种“告状式”的请家长没有任何意义，发生在学校内的事情，不应该把责任转嫁到家长身上;也没有必要在全班做检查，因为事情毕竟涉及到女孩子的隐私，不宜大张旗鼓地处理，总之没有必要把事情扩大化。②立即给那个女同学打个电话（当时是晚上），告诉她老师今天批评你是因为对你要求的标准高，老师知道首先错的不是你，老师会对那个男生进行批评教育的——先安抚一下该女生的抵触和不满情绪（老师自己先要找个台阶下，因为老师的第一反应是不够理性的。这么做事后证明效果很好），然后找时间再教导她:女孩子长大了，有些话是不该轻易说出口的。③以该事件为契机，给男同学单独开会，告诉孩子们，上了中学，小男孩儿要长成男子汉了，男女有别，在和女同学的接触中说话不能口无遮拦，行为不能肆无忌惮。事情很快平息下去了，并没有产生任何不良后果。

这个“月经失调”事件发生在入学不久的初一同学身上，而我当时正在给初二年级男生开“青春期性健康导向”课。据我了解，初二绝大部分女同学都来月经了，她们明显地比初一小孩子成熟了，不会轻易把“月经失调”这样的语言当众说出口，可初二男生对此问题的了解程度及心态是一种什么状况呢？我还真是心里没底。于是我在开第八课《初潮与遗精》时修改了原教案的设计。我先是如实向同学们介绍了本校初一（1）班的“月经失调”事件，引出了“初潮—月经”的话题。由于我们平时上课都是围着我随便坐的，我和孩子们的距离很近，这时候我注意到他们的表情截然分为两种：大部分是不好意思，少部分是迷惘，显然，不好意思的是多少明白点儿的，迷惘的是全然不知。于是我让“明白”的同学说一说“月经”是怎么回事，结果他们也并不是十分清楚，表达得很不准确，有的同学就是出于对卫生巾广告的好奇才偷偷打听过。就此机会我从生理角度十分简单扼要地讲了一下，重点转向了男女有别，讲了为什么许多国家有“女士优先”，什么是“绅士风度”，随着年龄的增长、身体的发育，作为男子汉应该学会尊重女性、帮助女性，最后又引申到：你们的妈妈每个月都会有几天特别不舒服的日子，要懂得关心妈妈，不让妈妈沾凉水、干重活儿。孩子们真的听进去了，而且不久就收到了家长良好的反馈。

我每学年都分别为我校初二年级男、女同学上一个学期的“青春期性健康导向”课，孩子们很感兴趣，而且效果好于预期，我的感受是：

一、孩子们需要和渴望这种规范的性健康教育，需要成年人在性健康方面的正确引导，而且宜早不宜迟。

二、作为老师（尤其是班主任）不能回避孩子们青春期出现的问题，也不能仅仅满足于处理已经出现的种种现象，学习压力不仅不能缓解青春期心理的躁动不安，反而会适得其反；就事论事解决的是当时，留下的是隐患，所以要抓住契机，加强引导，防患于未然。

三、面对处于青春期阶段的中学生容易出现的问题，成年人（主要指父母和老师）既不用大惊失色，也不可掉以轻心，要善于站在他（她）们那个年龄特征上去思考问题，理解多于质疑，宽容多于指责，探讨多于压制，也许会收到事半功倍的效果。

总之，孩子们从小学走进了中学，也就进入了“多事之秋”，因为随着生理发育高峰期的到来，他们的性心理一定会发生变化。不过因性格差异，有些变化是显性的，有些变化是隐性的，显性变化易于被老师、家长发现，但也易于教育引导（例如以上案例），而心理上的隐性变化却更应该引起我们的足够重视，才能避免孩子们在青春期阶段的不顺畅。

“小题大做”与“大题小做”

老师最爱小题大做了！

什么事也别跟家长说，要不他们又该小题大做了！

——学生语

学生嘛，青春期本就是多事之秋，问题层出不穷也属正常，我既是年级组长又是心理老师，因此每天要面对和解决诸多难题——说是难题，因为往往都是班主任或任课老师解决不了的。年轻老师们朝气蓬勃，干劲十足，敬业精神让我既欣慰又感动。但当处理孩子们给出的一个又一个难题时，则明显感到他们的心有余而力不足，使了半天拙劲，又累心又生气，效果还不好，很是让我心疼。而家长们找我诉说的，全部都是孩子们的“罪过”，奢望着从我这儿能讨得一个包治孩子青春期百病的“妙方”。听听孩子们的心声，看看老师们的困惑，想想家长们的烦恼，再联想起我多年从教的经验、教训，有一个十分强烈的念头撞击着我，让我想要一吐为快：无论老师还是家长，我们面对的教育对象是未成年人，是心智还不成熟的孩子，而正因为他们是孩子，对于出现在他们身上的一些还处在萌芽状态的问题需要“小题大做”；也正因为他们是孩子，对有些问题却又需要“大题小做”。需要小题大做的，做好了，孩子可能受益终生；需要大题小做的，做好了，老师家长省心省力，矛盾迎刃而解。具体问题具体分析，这就是辩证法。

“小题大做”篇

我这里所说的小是要加引号的，因为在我看来，需要大做的小题都是人格、道德、意志品质方面的，而一个孩子在成长阶段的道德、品行无小事，教孩子做人就是教他们从日常点滴小事做起，纠正孩子的偏差就在萌芽初现时。

学生干部无特权

这是发生在我少年时代的一件“小”事，四十多年过去了，至今仍难以忘怀，并对曾经教导我的李春生老师心存感激。

从上小学一年级开始，我就是老师眼里的好学生，父母及邻居眼里的好孩子，所以二年级一加入少先队，戴上红领巾，就开始担任小干部，小队长、中队长、大队长，直至小学毕业，真是在表扬声中长大的。不知不觉中，自以为是、沾沾自喜等不良心态开始滋生，但自己却浑然不知。在六年级的一次全年级家长会上，我受了一次意外的“打击”，却也就此幡然悔悟。当时由于是毕业年级，学校召开有关升学和报志愿内容的家长会，总辅导员李春生老师带领我们几名少先队大队干部做服务工作。我们小学的校园是里外院，家长们在里院听校长讲话时，我们这些小干部们就在外院休息等候。突然，一个男生匆忙跑进校园，向李老师说明家里有急事，需要进去找一下妈妈。还没等李老师表态，我随口就来了一句：“不行，连我们都不能进去！”语气中还特别加重了“我们”两个字。李老师先安排那位同学进去找家长，然后转向我：“你刚才的口气可有问题，你说的我们是谁啊？你们比同学们有什么特殊吗？”好难为情啊！我脸刷地红了。见状李老师的口气和态度都明显缓和下来，给我讲了身为学生干部与其他同学唯一的不同之处，就是各方面要比同学们做得好，其他特权一律不存在。最后还特别嘱咐了我一句：“快毕业了，考上个好中学，同学们才会从心里佩服你！”其实我当时是很尴尬的，心里很不舒服，因为挨批评对我来说毕竟太罕有了。但就是这一次难得的刺激，一方面让我意识到了自己的狂妄自大，从此学会了自敛，另一方面也激发了我更强烈的进取意识，因为在同学们中，尤其在众多的学生干部中，我的学习成绩还不是最优秀的，我有许多竞争对手。由于这以后的勤奋努力，小学毕业时，我以全年级第一名的成绩考上了重点中学北京女三中。这么多年过去了，无数的事情都已经淡忘了，可是这件事我却始终记忆犹新。戴着一副白色眼镜，教我们体育兼任大队辅导员的李春生老师依旧让我印象深刻，因为他曾经为我的一句话而“小题大做”，帮助我重新认识了自我。

一句问候暖人心

王龙是一个学习十分优秀的学生，但是由于家庭教育的不当，在他身上表现出来一些十分明显的弱点和缺陷，尤为突出的就是自私：只顾自己学习，不考虑集体或他人的利益。比如说上学迟到就是一个老大难问题，老师做了大量的说服教育工作，效果都不明显，导致集体荣誉一再受到影响。而他的妈妈却还有意把闹钟拨慢15分钟，让孩子用迟到来换取早晨多睡那一小会儿。至于帮助同学、关心集体等几乎与他不搭界，尽管学习成绩很好，但我很为他的品行而忧心。一天，我走在学校的楼道里，突然一阵眩晕，身不由己地趔趄了一下，正巧王龙从此经过，他听到动静回过身来，关切地问了我一句：“关老师，您怎么了？您没事吧？”我稍稍镇定了一下，告诉他：“没什么事了，谢谢你。”我谢他什么呢？谢他对我的这一声问候，谢他在紧急时刻心中对他人的那一份关爱。回到办公室，再想想刚才的那一幕，我决定小题大做一下，给他一点刺激与提示。于是我立即动笔给王龙写了一封简短的信，原文如下：

王　龙：

谢谢你！

刚刚过去的课间十分钟，你的一句问候让我十分感动。

因为高二同学在考试，我怕咱们年级同学大声喧哗对人家有影响，所以下课铃一响，我就开始在楼道里巡视。由于身体不适，突然间一阵眩晕，瞬间趔趄了一下，也就两三秒钟，这一幕却被你捕捉到了。你稍微犹豫了一下，怯生生地问我："关老师，您怎么了？"那一刻，我好感动，好感动。

一句简短的问候，表达了你对老师的关心，也说明你心中有他人，你对他人的付出，会换来别人对你的喜爱和尊敬的！

再一次谢谢你！

你的大朋友

关老师

也许有人会说，不就是一句话嘛，用得着这么小题大做？我认为这得因人而异。在王龙和他的妈妈看来，学习成绩、学习时间、学习方法等等，凡与成绩有关的事都是大事，而集体利益、他人感受等做人方面的事不仅是小事，而且似乎在他的意识中就没有这种概念。尽管他的学习优秀得到老师和同学们的赞赏，但在我心中总有一种很深的遗憾让我非常不舒服或者说不甘心，那就是他在"做人"方面正确观念的缺失，更直接点说就是"自私"。作为思想品德课教师，作为一名老班主任，我把这事看得很大，因此在学校日常的教育活动中，我总是尽力去引导他增强集体观念，给他创造为同学、为集体服务的机会，希望他成为一个"并非只读圣贤书，而是心中有他人"的更加完美的好孩子。也就是在这种思想指导下，当他下意识的、不带有表演性的一句问候传递给我时，我非但不能无动于衷，而且应该给予他积极的回应与肯定，让他在记忆中留有痕迹，让他体验助人后的快感，让他知道成就感不仅仅来源于好的学习成绩。总之，一件小事被我放大了，我想，对王龙的成长是大有益处的吧！

赊账绝不是小事

今天生活在大都市里的中学生们，绝大多数可以说条件优越，生活无忧，吃穿不愁，物质上家长们都尽可能地给予满足。可是手里零花钱充裕的孩子们，还是要仨一群俩一伙地结伴站在街边小摊小贩那里，什么雪糕、饮料、麻辣烫、肉夹馍吃得津津有味，兴高采烈，下午放学后简直成了街头一景。孩子们花钱买零食，或充饥或解馋本无需指责，我不过经常提醒他们要注意卫生也就是了。可是当有一天一位卖肉夹馍的小贩找上门来，说我们有个别学生有赊账现象时，真让我恼怒不已。一个14岁的孩子，为了嘴馋，居然可以向摊主赊账，虽然仅仅是2元钱，看起来事不大，但我认为这种行为中有品格的缺憾和尊严的遗失，若不加以及时的约束或规范，任其发展下去后患无穷，甚至有可能毁了一个孩子。于是我分三步做了处理：首先，严厉批评，让她意识到问题的严重性；其次，讲明道理，让她明白我为什么如此看重这件事，这种行为导致的后果与影响；最后，我亲自陪她去还钱，亲自去给摊主赔礼道歉。事后的结果证明，良好的效果达到了我预期的目的，犯错误的学生在道德意识上有所提高。看似小事一桩，但事关品质，必须小题大做。

可能是出于职业习惯，我在日常生活中及外出活动时特别爱观察一些与教育有关的现象，并及时记录下来，我把它们称为“道听途说”。在我的“道听途说”集中，不乏一些不经意间的“小事”，而我之所以关注并记录这些事件，就因为我认为小事不小，应该放大去认识。

子不教，父母过

一位妈妈骑车带着孩子在上学的路上，孩子问：“老师要问我，我怎么说呀？”妈妈很不耐烦地回答：“我不是教给你了吗？你就说我带你看病去了！”听到这话，我留意了一下坐在妈妈背后的孩子，大约二三年级的样子。我为这位母亲悲哀，因为她显然是在教孩子向老师撒谎，而这种谎言对于家长来说似乎根本不以为然，更意识不到自己在教唆孩子犯品质上的错误。可是对于未成年的孩子，长此以往却埋下了危险的隐患——这能说是小事吗？

308路公共汽车上，我站在一对坐着的母子身边，妈妈很年轻，孩子也就五六岁的样子。看见花白头发的我，售票员对这位妈妈说：“你买的是一张票，就不要占两个座位了，抱起孩子让人家坐一会儿。”妈妈一边拽孩子，一边不高兴地说：“我让他起来，他不干！”我注视着这位母亲，心里很不舒服，并不是因为没给我让座，而是为这位母亲不够高的素质。且不说她对孩子的教育与引导不利，就她个人的表现来说，就没有给孩子做出好的榜样。如果每一位年轻的爸爸妈妈在教育孩子的同时能够用自己的行动为孩子做出表率，何愁孩子不学习和模仿，优秀的品质不正来源于此吗？

总而言之，在我看来，做人方面、道德领域无小事。点点滴滴、蛛丝马迹，只要涉及到孩子的人格培养和品质形成，都有必要小题大做。

“大题小做”篇

人的一生都有犯错误的经历，未成年人更是在不断地犯错误和改正错误的过程中逐渐长大。而在他们这个年龄段内，其实有许多应该是允许的甚至是正常的错误，因为他们毕竟未成年，思维、心智都还不成熟，判断力、约束力、表现力等等都相对比较差，所以有些成长中的麻烦总让老师和家长们大为光火，觉得问题相当严重，尤其他们在学校里的一些“不良”表现，牵扯了老师们很大的精力，恨不能帮他们一一纠正过来，让自己的学生成为完人。这样的愿望与心情每一个老师都会有，我当然也不例外。可是经过多年的磨砺与思索，今天我却得出了这样的结论：在未成年人身上表现出来的一些问题，一无关道德品质，二未超出这个年龄允许的范围，就无需小题大做，反而应该大题小做，化解矛盾而不激化矛盾，也许会产生更佳的效果。

别对“早恋”太敏感

中学生早恋现象似乎已经成为社会一大顽疾，老师们头疼不已，家长们忧心忡忡，而且都保持着高度的警惕。学生上课传递的纸条，孩子在家接的电话，都可以让老师和家长在蛛丝马迹中捕捉到这早到的“恋情”，甚至于到了草木皆兵的程度。由于这根敏感的神经绷得太紧，有时难免把问题扩大化，造成一场虚惊，以致引起孩子的反感与对立。

我校一位年轻班主任有一天忧心忡忡、神情紧张地专门跑到三楼来找我，劈头就是一句:“关老师，您看这可怎么办呀？”随后从手掌心里拿出一个小小的小纸卷儿，展开一看是宽1厘米、长不过10厘米的一张小纸条，是学生传递过程中不慎落入老师手中的，里面就一句话:×××，我特佩服你，所以这次手风琴表演我选了你。这是一个女孩写给班里一个很优秀的男生的。这有什么好紧张的呢？老师干嘛非要把这句话的意思引申呢？我当时给班主任的建议有两点:第一，不予理睬，当作什么也不知道，把事情淡化;第二，也可以安抚一下那位心中忐忑不安的女孩子（但绝不是批评）:“咱班×××确实很优秀，不只你一个人佩服，同学们都很佩服他。光是佩服还不够，应该向人家学习，你这种上课传纸条的做法，会引起他对你的反感。”过后的事实证明，什么也没有发生，相安无事，不过是老师的一场虚惊。像这种可大可小的事情，就要从它的后果去考虑处理方法，大题小做可能效果更好些。

大事化小效果好

刚下课间操，一个没上操的学生匆忙跑过来告诉我:“刚才宋洁把薛姗的铅笔袋碰掉地上了，还踩了一脚，把钢笔踩坏了！”宋洁，一个在年级里大名鼎鼎的“捣蛋”孩子，一身的坏毛病，挺聪明的脑子不往正地方用，似乎每天到学校来的目的就是违反纪律、惹是生非，挨批评是家常便饭，真可谓“在骂声中成长”。我在初三接手他们班的班主任工作时，各科老师都纷纷向我述说宋洁的“罪行”，表达自己的愤慨与无奈。也就在我接这个班没多久，发生了今天的踩笔事件。怎么处理？我脑海中迅速思考和筛选最佳解决方案：批评？做检查？找家长？停课？责令赔偿？——不！这些手段对宋洁来说太习以为常了，他已经有了“免疫力”和“抵抗力”，而且当他做完一件坏事以后，就已经预料到老师不会饶过他的，已经做好了抗衡的心理准备，对这样“经过风雨、见过世面”的学生，我必须另辟蹊径，把看似很严重的一件事采取“化小”的方式来解决，既不兴师动众，又让他记忆深刻。于是，我态度和语气都十分平和地问他：“课间操你在教室发作业本了？这是做好事，还有其他的事情发生了吗？”由于我的平心静气，他也就不设防了，赶快抢着说：“我不是故意的！”我说：“是呀，我也相信你不是故意的，如果是故意干的，那品质就太恶劣了。即使是无意的，不小心的，毁坏了人家东西，对同学也要有个交代，表达一下歉意吧？”不等他表态，我拿出10元钱递给他：“去，向薛姗说声对不起，让她用这钱去买支笔。”他立即局促地把双手背在后面，向后退着说：“不用！我有钱，明天我带来再赔她。”这时，我故作神秘地俯在他耳边悄声说：“我料定薛姗不会要你的钱的，只要你真诚地向她赔礼道歉，她一定会原谅你，去试试看！”我之所以这么说，是凭我对薛姗这个女孩子的了解，宽容、大度、乐于助人等优点十分突出。果然不出我所料，不大一会儿，宋洁拿着10元钱回来了："老师，她没要。"虽然仅仅说了五个字，但说出口时却面带愧色。"你道歉了吗？""道了，她说不是成心的就算了，她家还有钢笔呢。""你觉得惭愧吗？"他点了点头。"惭愧什么？""大家对我挺好的。""那么你现在觉得你错在哪儿了？""我不应该踩坏——"没等他说完，我就打断了他："你又错了，踩坏笔只是你众多违纪行为中的一件，是表面现象，你的错在于你心中没有同学，没有老师，没有集体，没有纪律，为所欲为，所以你才总是做错事，甚至是做坏事。"这一事件，只在我们三个人范围内解决了，没有当众批评，没有严厉的惩罚，没有让他太丢面子，于是他自然地卸下了一身的"铠甲"，毫无抵抗地"投降"了。虽然看起来我是大题小做，把大事化小了，但从当时来看，矛盾迎刃而解；从长远来说，对他的教育意义还是蛮深刻的——若干年后他回来看我，还主动提起了这件事。

教师肚里能撑船

"关老师，今天我们班一个女生骂我，我不能饶她！"了解了事情的原委后，我问年轻的王老师："你怎么处理的？""跟她谈了，也通知她家长了，您说我下一步怎么处理她？""还需要下一步吗？我建议到此为止，像对待其他同学一样，一如既往地对待她。"我为什么要给王老师这样的建议呢？第一，我知道这个女孩子性格孤僻，心理状态不佳，继续抓住不放很可能适得其反；第二，作为班主任，如果本班同学对任课老师顶撞甚至辱骂，那一定要做好处理和善后工作，该批评要批评，该道歉要道歉，绝不姑息，因为这是在教学生做人，班主任责无旁贷。可是当事情发生在班主任自己与本班学生之间时，就需要有意识的大题小做，多些谅解，多些宽容，切不可耿耿于怀，更不能穷追猛打，否则就给学生留下了小肚鸡肠、不够大度的感觉，反而增加学生的抵触情绪，为日后师生关系的和谐、为班级工作的管理留下隐患。所以，在我看来，即使是同一事件，该小题大做还是大题小做，也要因人而异，具体情况具体分析。

也许是因为三十多年的从教经历，也许是因为年龄大了，每天生活在孩子们中间的我，心态越来越平和，对于发生在校园里的、孩子们之间的故事，越来越能理智地分析、对待和处理了。我给自己定了个标准:凡品质问题、心理问题，既要重视又要谨慎，尽自己最大的能力帮助孩子们把人生路走好。例如我最得意的学生王海洋，用班费以同学们的名义订了《参考消息》，当他先斩后奏，把发票交到我手里时，我没有饶他，因为我意识到他有利用手中的权力假公济私之嫌，必须把他的这一念之差消灭在萌芽状态;与我建立了母子般情感的学校高考状元、清华学子崔岩，对自己的母亲不够孝敬与尊重，我竭尽全力地协调甚至是训教，不允许他在做人方面有瑕疵;一位重点中学的高才生在与我进行交流后，分手时扭头便走，我很不客气地把他叫回来，告诉他“你没跟我说再见”，不过是“再见”两个字，看起来是多么小的一件事啊，但我认为这是与人交往应该有的起码礼貌，五十多岁的我，利用周六休息日，专程去为他做心理辅导，临别前不能主动道声再见，我认为我有理由小题大做;一个我并不教的学生，晚上 10 点半打电话给我，告诉我买好了安眠药，明天一定要见我一面，这可不能看作小事，我绷紧神经，一夜都没睡踏实，第二天上午立即找到了这个男孩，了解情况，进行心理辅导的同时，向学校领导汇报、备案，然后请来他的父母，一块儿帮助孩子解开心结，避免了一场悲剧的发生，而且没有闹出很大的动静，同学、老师都不知道，我们以重视的态度，谨慎的方法，化解了一场危机。

相对小题大做来说，作为老师和家长，面对未成年的孩子，需要大题小做的事可能会更多一些，因为他们毕竟未成年，毕竟是孩子。一位年轻老师向我讲述了这样一件事情：在语文课上，老师讲《夏》，让同学们描述夏天的景色，一位个性极强的女孩子说："夏天有蚊子。"老师心里已经很不舒服了，追问了一句："让你用相机去捕捉夏天的景色，你照什么？""我就照那一团团蚊子。"老师怒不可遏，气愤之下请来了这个同学的家长。我就不明白了，这么一句话有那么严重吗？又不是家长让她这么说的，请家长的意义何在？我的看法是，首先老师应该知道这个学生的特殊性——个性强、固执，思维方法怪异，比较与众不同，她未必就是成心捣乱，所以完全没必要跟她较劲；其次她的话一出口，肯定引起同学们的哄笑，老师这时候能够以平和的心态稳住课堂秩序，不以为然，大事化小，本无大碍，当然，更高明的办法就是老师巧妙、策略地引导，把她跑偏了的思路引回到正确的轨道上来，这样的老师才会博得同学们的敬佩。

小学高年级和初中阶段的男孩子们，由于一些小摩擦而诉诸武力解决的事时有发生，班主任老师经常会接到“某某某和某某某打起来了”的报告，也就经常需要当“法官”进行评理和断案，而一般的程序不外乎是:先听双方讲自己打架的理由（当然都是强调自己有理）—老师分析、评理、找旁证——一人挨顿批评甚至还得请家长。这个过程有时候纠缠个没完没了，好像不给两个学生分出个对错高低来，就不能显示老师的公平。可是事情的结果往往是，老师还在劳神费力地劝架，两个学生早已不计前嫌又在一起嬉笑打闹了。经过若干次这种解决问题的实践以后，我逐渐悟出:孩子之间的“战争”，只要没有根本的利害冲突，只要不是原则性的品质问题，完全可以“大题小做”，用轻松的方法化解矛盾。两个打得不可开交的男孩被同学们簇拥着找我来评理，同学们觉得这事可大了，老师非得发火骂人不可，而我会笑嘻嘻地奚落他们:“什么了不起的事啊？太没男子汉风度了吧？我真看不起你们，等我忙完同学们的事再处理。”——先冷着他们，让他们的心先静下来，我在底下简单了解情况后，把解决问题的主动权交到他们自己手里:“这么点鸡毛蒜皮的小事闹成这样，给集体脸上抹黑，我都替你们俩脸红，怎么样，能握手言和吗？”一般来说，到此两个人都会觉得不好意思了，我再安抚几句:“男孩子，闹闹矛盾，打个架挺正常，都不许记仇，谁要是小心眼儿可让同学笑话啊！去吧，还是好同学，继续玩去吧。”整个处理过程也就是十几分钟，学生很快释然，老师也没动气，更不用惊动家长，省时省力省心，何乐而不为呢？这种大事化小、小事化了的做法，也算是老师们自我解放，不给自己找累的一招吧！

说到小题大做与大题小做的话题，我又收不住笔了，值得借鉴或者推敲的事件还有很多很多，关键在于面对教育对象，教育者要勤于思索，善于吸纳，不断感悟，思路常新。观念更新，手段才能创新。作为一名教师，生命年龄会老化，教育年龄会增加，教育经验会相对丰富，但无论如何教育思想与教育观念也要紧紧跟上社会发展进步的节拍，才不至于被发展着的教育形势过早地淘汰。

评语：最大限度地发挥与学生交流的影响力

作为班主任，为学生写鉴定、写评语是每个学年，甚至每个学期必做的功课。由于这项工作必须在期末来做，而期末又正处在考前复习阶段，老师们本来就够忙的，再加上这必须完成的硬性任务，因而就平添了不小的压力与烦恼。多年来，我的体会是，真正心中有学生，给学生一个客观公正、带有激励性的评语并不难，关键在于老师要调整好自己的心态，把给学生写评语看作一次与学生的交流，不是居高临下的批评，也不能是千篇一律的套话，而是针对每一个学生的具体情况，尽可能全面细致、客观公正地给予评价，多一点人情味，少一点空洞的说教；既肯定优点和成绩，又委婉地指出缺点或不足，让学生感到“老师是喜欢和重视我的”，让家长觉得“老师真了解我的孩子”；让学生看到老师的评语后不是无动于衷，而是有所触动，甚至还想多看几遍，让家长看到老师对孩子的评价后，增加了教育孩子的信心。这样的评语能够拉近师生间的情感距离，能够真正起到对学生的激励作用，老师虽然辛苦，可做的却是“有用功”。

老师们每天面对大量繁重的日常工作，写评语、写鉴定似乎是个不得不完成的额外负担，而我却有我自己的窍门:我从不坐在办公室里“闭门造车”，而是利用学生上自习，或者是学生在做某一科练习时，站在讲台上，俯视、端详着每一个学生，直观地感受着“他”或者“她”的特点，每一个特定学生的行为表现、优点缺点瞬间历历在目，一份份评语和期望随之从笔下流淌，而且绝对真实，绝对生动。记得 1998 年和 2001 年我给高三学生写完毕业鉴定，由于班主任工作繁重，学校安排提前结课的体育老师替我们往毕业生登记表上抄，贯彩云老师曾经感慨地说:“我就爱抄关老师的，没有重复，不厌烦，一边抄一边就认识了一个学生。”我要的就是这种效果——即使是不认识的陌生人，看了我对学生的评价，也会对该学生有一份基本的和真切的了解。

总之，看老师给学生的评语或鉴定，能够从中看出老师的词汇量、文笔，能够看出老师的情感、亲和力，能够看出老师对学生甚至对这份工作所持的态度;但是归结起来，我认为最重要、最关键的还是能够看出老师是不是用“心”去看待、品味每一个学生,用“心”去完成对学生的客观评价。

我的部分学生鉴定在一些年轻老师中间传阅，在这里提供给更多的读者参考。

部分学生鉴定

张璐：

在我从教二十多年的经历中，见过不少一般意义上的“好学生”，主要是学习成绩好。像你这样德、智、体、美全面发展，且有较强的工作和组织能力，实为难能可贵。高中学习就剩下宝贵而紧张的一年了，希望你戒骄戒躁，脚踏实地，保持三好学生的荣誉，坚守优秀班集体班长的职责，一年后以自己的实力跨进名牌大学的校门。

（考入北京理工大学）

李瑶：

你永远是那么认真、细致，给人一种无可挑剔的感觉。身体欠佳，却从不放松自己的学习，还要为办好“班刊”出一份力，真是难为你了。高三学习任务会更加繁重，希望你在刻苦学习的同时，不要忽视对身体的养护，健康是学业有成的保证。

（考入北京建工学院）

潘小可：

淳朴、率真、热情，与人为善，在老师和同学们中间有着“好人缘儿”，是咱们这个优秀班集体中最辛苦、最称职的一个“好组长”。我代表全班同学，也代表我个人向你表示深深的谢意。升入高三，学习负担更重了。希望你拿出对班级工作的热情和对学习电脑的执著，去面对繁重的学习任务，争取在学习成绩上有进一步的突破。

（考入北京物资学院）

张双妤：

看起来永远是那么默默无闻，但又在悄悄地关心着周围的同学、老师及我们这个集体。“善良”的本性在你的身上充分地体现着。而最难能可贵的是你在关心他人的同时，一点儿也不放松自己在学习上的努力。成绩稳中有升，以致于你的父母心疼地说“张双妤太累了”。看到你瘦弱的身躯，我也由衷地说“身体是学习的本钱”。

（考入北京建工学院）

李堃：

一个争强好胜、永不甘落后的女孩子。你的优点十分突出：热爱集体，乐于助人，有上进心，能够虚心接受老师的教育和帮助。你的缺点也很明显：学习上三分钟热度，不能持之以恒，成绩浮动较大。保持和发扬优点，用顽强的毅力去克服不足，你一定会有更大的进步。

（考入首都师范大学）

魏铮：

单纯、善良、正直，有极强的集体荣誉感，热心集体活动，对老师交给的工作一丝不苟。马上要升入高三了，应该意识到自己长大了。不能总是用“孩子”的标准要求自己而纵容自己的幼稚。表现在对文科的学习态度上，要有紧迫感，否则明年的高考难以取得理想的成绩。

（考入北京科技大学）

聂超：

学习基础好，智力因素有一定优势，品行端正，有竞争意识，学习成绩完全有理由保持优秀。但“惰性”在你身上显而易见。体育成绩不好，早晨到校较晚，会考上午迟到，下午忘带准考证，这些都该引起你的重视了。否则，将会影响你明年的高考成绩。

（考入上海复旦大学）

宋京晶：

永远是那么踏实、稳重，无论对学习还是对工作都是兢兢业业，一丝不苟，被语文老师誉为“不可缺少的得力助手”。看起来默默无闻，却每天在为同学们服务，悄悄地关心着他人。学习自觉性很强，成绩保持良好。品行端正，举止文明，有强烈的责任心和荣誉感，基本做到了品学兼优。

（文科第一名，考入清华大学）

郑栋天：

性格和善，感情细腻，有思想、有主见，对问题总能提出独到的见解。自尊心很强，品行端正，举止文明，能很好地协调人际关系。集体荣誉感渐渐增强。多一些紧迫感，多一些拼搏精神，才不会枉费你的聪明才智。

（考入北京印刷学院）

沈楠：

两年的中学生活转瞬就过去了，回过头看看你是不是会有太多的遗憾？给我的总体感觉是你学也没学好，玩也没玩痛快，决心下了无数次，但总不能很好地坚持，辜负了你的聪明、热情、有能力等等一系列原有的优势。初三是关键的一年，希望你“立长志”，而不要总是“常立志”，真正付出了，上重点高中不是没有可能。

施晓：

看起来沉默寡言，默默无闻，但我越来越感觉到你内心世界是丰富的，你热爱集体，愿意为集体的事去付出，你不拒绝同学的友谊，但不太会主动与同学交往。你的感情总是向自己笔下的画倾诉。升入初三以后，希望你把花费在画画上的精力重新分配一下，分给学习，分给朋友，融入集体，为考上理想的高中拼一把。

战小雨：

你长大了，懂事了，上进心更强了。老师看到了你的进步，但是我并不十分知足，因为离我的期望还有很大差距。你聪明，有能力，潜力还没有真正发挥出来，初三这一年对你来说太关键了。如果你能克服浮躁，全力拼搏，上重点高中并不是幻想——我对你既有信心（因为你有实力），又多一份担心（因为你没毅力）。

许萌：

你“加盟”到咱们这个班刚刚一个多月，可恨的 SARS 就让咱们停了课。你的智慧、才华、能力都还没来得及展示，但是你的要强上进已经给老师和同学们留下了良好的印象。马上升入初三了，把自己的目标锁定在班级前十名和重点高中。

卫思怡：

一个在学习、纪律等方面无可挑剔的女孩儿，成绩保持良好，但做事情缺乏勇气，还记得全班只有15本校刊，你犹豫半天没有拿到的情景吗？你离讲台那么近，勇敢地冲上来一定有一本是属于你的。虽然这是小事一件，但我想提醒你的是：在激烈的竞争中，“机会”也许就在犹豫之间悄然逝去了。

巩继钊：

我在你身上总看到两个“小人儿”在打架，一个叫“聪明”，一个叫“懒散”，我真担心“懒散”占了上风，那你的聪明可就白废了。勤奋点儿，累不坏！好成绩会报答你的！

刘川：

高高大大的男孩子，不急不火的慢性子。品行端正，乐于助人，老师越来越喜欢你。慢，是你学习中的致命弱点，磨掉了太多的时间，比其他同学做题少，看书少，休息少，你不觉得吃亏吗？提高效率一定会提高学习成绩，希望你像一个真正的男子汉！

第三章 高明的教育方法让学生折服

“亲其师，信其道。”为师者，让学生亲、让学生信，靠的是“内功”，而深厚的内功又一定表现为高明的、为学生所接受的教育方法。方法得当，即使是批评，他们也会心悦诚服。

对特殊事件的“艺术性”处理

学校教育是一门艺术，作为班主任，与学生谈话、开家长会、进行家访、处理违纪事件等等，这些看起来琐碎，甚至让老师头疼的事情，如果在爱与理解的基础上，增加些艺术性，不仅增加事业成功的概率，而且乐在其中。“给孩子一个意料之外”就是一种处理学生问题的方式。

我只能投降，但我心服口服

李华，初三女生，性格内向，不合群，看卡通漫画成瘾，所有零花钱都用在买书上，积攒了一大木箱卡通漫画书。上课看是家常便饭，学习成绩全班倒数，前任班主任谈话、批评、没收均无效果。我接班后，在即将召开第一次家长会时，她交给我一封千余字的长信，信中痛斥我不懂新文化、新时尚，告诉我看卡通漫画是世界潮流，讥讽我思想意识的落伍。父母亲撕过、烧过她的书，并不止一次地打过她，但她绝不屈服，仍旧要看下去，而且她预言家长会上我一定会给她告状，她等着家庭中一场暴风骤雨的来临，但不会让我看到满意的结果。接到这封信我犹如接到了一道“战表”，周围很多老师看后都被激怒了，我反而冷静了下来，因为我意识到她所谓的“预言”是揣摩了一般老师的心理和做法，她已经领教过了，于是我决定给她一个“意料之外”——家长会后我留下她的家长，并要求家长配合我，按我的方法去做：回家后不生气，不责备，表现出很高兴（这就是第一个“意料之外”）。然后告诉她，关老师表扬你了，表扬你爱看书，不追星，这在现在青少年中还是比较少见的（第二个“意料之外”）。但是老师提出两个问题请你认真考虑一下：第一，你这样没有节制地看，对学习有没有影响？如果觉得没有影响，你的智力和能力不过如此，学习成绩只有这个水平，那关老师支持你继续看下去（第三个“意料之外”）；第二，你上课看如果关老师不管，其他同学也上课看关老师该不该管？——家长完全按我的意思做了，没有出现她所预料的“暴风骤雨”，她反而被触动了。经过几乎一夜的思索，第二天她主动要求找我谈谈，我由于当天有别的安排而没有答应她，然而出乎我预料的事情发生了：第二天是个星期日，她迫不及待地由父亲陪同，打听着找到我家，再一次要求和我交流，并表示谈好了她立即去理发馆把那很怪异的发型剪掉，要重新做人。这会儿是我被感动了，我让她坐在我身边，揽着她的肩，首先感谢她对我的信任，对昨天没和她谈表示歉意，然后推心置腹谈了很久。第二天的李华，头发剪短了，把一箱子卡通漫画书锁起来了，上课认真听讲了，学习成绩直线上升，期中考试从全班倒数提高到 25 名，期末又提到 22 名。用她的话说：“您的这种对待学生的方式，让我无法再顽抗，我只能投降，但我心服口服。”

我们不好意思了

高一（6）班是我带的一个重点班。一天放学后，大部分同学都走了，我习惯性地到教室巡视一下，发现六名男生在打扑克。见我进来，几个人面面相觑，十分尴尬，等待着我的批评甚至发火。其实我心里的确很恼火，但我控制了一下，像没有意识到他们的“非法”行为，平静地对其中一个同学说:“5 点 20 我给你家打电话，找你说点事。”其实这会儿已经快 5 点了，我只给他留了 20 分钟的回家时间，他们必须散伙了（没有挨骂，意料之外）。第二天早晨一到办公室，两副扑克摆在我的桌子上，这是学生主动送来的。利用晨检时间，我当着全班同学的面，郑重地把扑克还给了那个学生（又一个“意料之外”），并告诉大家，玩扑克没有错，错在玩的时间、地点不合适，把扑克收起来，业余时间、节假日、春游时间再发挥它的作用吧。以后近三年的时间里，孩子们再没犯过类似的错误。后来跟学生聊起这件事，学生说:“您这么一处理这件事，弄得我们就不好意思了。”

意想不到的夸奖

一个个性极强、心理略显偏执的男生，经常和老师发生冲突，而且从不承认错误,用“无理狡三分”形容他毫不过分。老师们头疼，家长也很无奈，说这孩子从幼儿园时就这样的脾气秉性。一天放学后，我站在学校二楼教务处窗户前，看学生们取自行车离校，突然发现在墙角处这个学生正在聚精会神地玩着掌上游戏机——这是学校所不允许的。于是我拉开窗户朝他喊了一句:“×××，你上来！”他马上反问:“凭什么？”(这是他的习惯问法。)我并不严厉地说:“你先上来，咱们再说。”他很快接上:“你先说凭什么，我再上去！”又动员了好几遍，仍旧是这么答复。僵持了一会儿，我说:“好，那你等着我，我下去找你好吧？”然后我迅速跑出教务处，就在穿过走廊，走到楼梯口时，他已经迎面走上了楼梯。就在这一瞬间，我控制住了自己的怒气，调整好心态，又打出了我的“意料之外”牌：我和蔼地对他讲:“真不错，你到底还是上来了，没让50多岁的关老师下去跑一趟，说明咱们这师生感情还是不错的嘛！”看他低头垂手而立，我问了一句:“你知道我叫你上来干什么吗？”“我不该把游戏机带到学校来，您别没收，我以后再也不带来了。”他之所以迫不及待地说这番话，显然是怕我拿走他的“宝贝”。我没有直接回答他，而是给了他完全意想不到的夸奖:“根据你以往的性格特点，今天你有两点特别值得表扬：第一你自己上来了，没有继续与老师僵持；第二我还没批评你，你就主动承认了错误。看到你在这两方面的进步，我比什么都高兴。”没想到他突然流着眼泪给我鞠了个90度的大躬，嘴里还说着:“谢谢老师！”这时候，我感觉今天我的目的已经达到了，没必要为这个游戏机再做更多的纠缠，于是给他吃了颗“定心丸”：“你既然已经知道错了，老师就不会再没收你的游戏机，但你必须给我一个承诺，以后再不能带到学校来玩了。”他连连点头，再三保证。一场师生间可能爆发的正面冲突被化解了。其实后来我了解到，他当时已经做好了“死扛”的准备，挨批评、挨骂、没收，甚至请家长。可是我偏偏没有按照他的思路去做，在措手不及中他服了输、服了软，既达到了教育目的，又避免了老师、学生两败俱伤的后果。

像这样给学生“意料之外”的个案，我还有很多很多。可以说每一次让学生感到意料之外以后，收到的效果却总在我的意料之中。而且我更为看重的是，经过对一些事件的“艺术性”处理，进一步协调了师生关系，拉近了感情上的距离，学生敬佩我，而不惧怕我，愿意向我讲心里话，形成了师生之间交流与沟通的良性互动。虽然要动一番心思，费一番脑筋，但能收到事半功倍的效果，何乐而不为呢？

“强刺激”也要因人而异

“胜败乃兵家常事”，“没有常胜将军”，“失败乃成功之母”——这些都是我们的老祖宗传下来的教诲与理念，用以劝诫、激励那些曾经的失败者，鼓起再战的勇气，建立必胜的信心，从失败的阴影中走出来，重新崛起！

对于在校学习的孩子们来说，“胜”与“败”往往就体现在学习成绩上，更确切点儿说就是考试成绩上。所以，家长和老师经常会用这些话来鼓励那些偶然失误，本人又很在意的孩子们。但是我也注意到，有些学生在学习上屡战屡败，却在用“胜败乃兵家常事”来宽慰自己，变激励为放纵；也有些学生一段时间走进低谷，怎么也激不活，家长规劝、责备，甚至大动肝火都无济于事，老师批评、激励也效果不明显，明知道这些孩子是可以“再生”的，却苦于找不准穴位，不知用什么方法能让他们从朦胧中清醒过来。每当有学生出了这种状况，真是家长气，老师急——怎么办？

一般的鼓励——无济于事。

一味的批评——更加逆反。

如何点醒梦中人——我曾经试着用一种“强刺激”的方法让学习状态低迷的初二女生梅雨猛醒（我之所以说“试着”用这种方法，因为它必须针对心理素质比较好的孩子，不是适用于所有人）。这种“强刺激”的切入点就是让其先“知耻”而后“勇”。

梅雨，一个聪明、好强、多情善感的女孩子。学习基础很好，但学习成绩却总是忽上忽下起伏不定，这可能跟她多情善感的性情有很大关系，很容易受各种外界因素的干扰与影响，用她自己的话说就是“什么都明白，到时候就是控制不住自己”。在升入初二年级以后，有一段时间又无心学习了，成绩一路下滑。妈妈看在眼里，急在心上，提醒、批评甚至挖苦，都不管用。与我取得联系后，我找她谈话，软的说了，硬的也用了，她嘴上表示着急，表示要摒弃杂念全力投入学习，但在实际行动中却看不出有什么明显的起色，成绩徘徊在 15 名左右。眼看又快临近期末考试了，如果这次她的成绩再不提高，很可能导致她对自己失去信心。而这个学生一旦丢失了自信，就有可能一蹶不振进而放纵自己，那就绝不仅仅是一次考试、一个分数的问题了——凭我对她的了解，必须下一剂猛药刺激她一下了。

“离期末考试还有两周时间了，我准备分层分批找同学们订一下你的目标和努力措施，今天中午 12 点 40 班里前 10 名的同学到我办公室开第一个会。”然后我念了10个同学的名字，没有梅雨。我用眼角的余光瞟了她一眼，她有点诧异，但又装得很平静。

中午，10个同学陆续来到办公室。有的同学进门就问：“老师，怎么没念梅雨呀？”有的同学告诉我：“梅雨就在门口转呢！”我说：“甭理她。”过了没几分钟，外面有人敲门，是我的副班主任茹文晏老师，她推开门说：“关老师，您是不是把梅雨给忘了，她去找我让我问问您。”透过半开着的门，我看到梅雨就在茹老师身后不远处站着，我不客气地故意大声说：“不是忘，前10名哪还有她呀？”

从这一天起，我悄悄注意和观察着她：蔫儿了，话少了，踏实了，上课精神集中了。期末考试成绩出来了，梅雨一跃考了班里第四名。还没等我向她解释什么，还没容我去对她进行安抚，她却表情凝重又掩饰不住兴奋地找到我：“关老师，我现在明白您的用意了。我真的特感谢您，要不是您那么刺激我一下，这一次还不定考成什么样呢！”她告诉我：那天，刚开始确实以为是我把她的名字漏掉了，后来一听说没有她，觉得特没面子，心中生我的气，暗下决心要把面子找回来。于是浮躁的心沉下来了，发热的头脑冷却了，意念好像一下都集中到学习上了，上课听得进去，回家坐得下来，不知不觉中成绩节节攀升，到期末自然取得了良好的成绩。就在考试结束拿到分数的一瞬间，她好像忽然悟出了什么，明白了我的一片苦心。她还特别告诉我：“这件事我会记一辈子。”

事后有老师问我：“给她这么大打击，您不怕她破罐破摔，或者由于心理承受不了而出意外？”这恰恰是我的用心之处，我不是一时的冲动或心血来潮凭感情用事，而是经过了周密的分析与思考:第一，梅雨不是“破罐”，她是个争强好胜的孩子，骨子里有一种不服输的意念;第二，她在学习上的潜力作为老师我了解，她自己心里更清楚;第三，她的心理素质较好，心理承受和自我调节能力很强;第四，她的家长能够给予非常好的配合。针对梅雨的这种种特点，我采取了“反向”的强刺激，收到了预期的效果。但是对于不同特点的孩子，就要具体问题具体分析了。我也曾对另外一个初一男孩使用过“正向”刺激的方法，结果也令人欣慰。

方京，刚进中学时看上去略显忧郁的一个小小的男孩子。开学时间不长，老师们就发现这孩子在学习上有很大的问题:上课听讲心不在焉，日常作业不能完成，随着教学进度的深入，他的成绩逐渐显现出越来越差的趋势，数学测验成绩不超过 10 分，基本上是个位数字，如果是 5 分制的小练习经常就是 0 分。老师们在万般无奈的情况下请来他的家长，求助于家长的配合，因为毕竟刚上初一，我们绝不会轻言放弃。可是没想到几乎想放弃孩子的却是泪流满面的母亲。方京的妈妈告诉老师，从小学五六年级起他就已经不肯学习了，不写作业，一考试就说身体不舒服，甚至觉得活着没意思，有轻生的念头，弄得老师和家长都不敢要求他，于是导致学习状态每况愈下，学习成绩越来越差，越差越没信心，越没信心也就越没兴趣，形成了恶性循环。

面对这样一个学生，作为年级组长的我和班主任、任课老师统一了认识:刚刚 12 岁的孩子，有很强的可塑性，学习困难的主要原因不是智力因素，而在于主观上怕吃苦，不肯付出，用种种借口来原谅、宽容甚至是放纵自己。如果一味满足他的愿望，放松或者不管他，将会用他今天一时的快乐换来终身的遗憾。于是我和他的母亲谈，表达了老师们不放弃每一个学生的决心，分析了方京利用妈妈心软来达到偷懒的目的，教给他妈妈具体怎样来配合老师要求和督促孩子。不久的一次数学单元测验，方京考了 46 分，数学老师发自内心的欣喜溢于言表，课上表扬，课下鼓励，还特别告诉我："方京现在上课听讲了，有两道很多同学都做错的题，他却做对了。"我在高兴之余想"该趁热打铁了"——再给他一次强刺激。

我找到方京："太棒了，听数学老师说你的进步特别大，我真为你高兴！过去总让妈妈为咱们的学习成绩难过。来，今天咱们给妈妈报个喜讯——用关老师的手机给妈妈打个电话，让妈妈高兴一把！"

方京扭捏着、推辞着："不用了，我回家再说吧。"

"那就不一样了，过去老师打电话找妈妈多是告状，今天电话打过去是报喜，给妈妈一个意外惊喜多好！"

考虑到他不好意思用我的手机，我把他领到学校保卫室。电话通了，随着一声带着哭音的"妈，我这次数学考了 46 分"，眼泪就流下来了。听得出来，妈妈在电话的那一头也很激动，于是我接过电话，又汇报了一下详情，方京妈妈在高兴之余不忘对学校和老师千恩万谢。

其实我对方京的"强刺激"就在这通话的一瞬间实现了。因为我十分清晰地感觉到了他略带颤抖的一句话中“46分”的分贝显然降低了，说明了他在刚刚产生的成就感中还夹杂着几分愧疚，因为46分毕竟不是很好的成绩，他自己心里也是十分明白的。也就从那时候起，方京的忧郁一扫而光，话多了，拿起乒乓球拍子和同学们一起玩，在他的脸上找到了自信，学习态度有了明显的改变。

梅雨和方京，两个不同性格的孩子，我分别采取了不同的“强刺激”方法，收到了几乎相同的效果，其实都说明了一个道理——内疚感是一个人进步的最好动力，但如何把一个人的内疚感、知耻心挖掘和调动出来，则是一门艺术，需要用心去把握。作为老师，必须做一个有心人，而且要让自己的心走进学生的心，揣摩学生的心跳，摸准学生的脉搏，着眼于学生的成长，才可能做到有的放矢，进而收到事半功倍的效果。

尊重个性，因势利导

某男生，聪明、知识视野较广，有主见，个性较强，但性格略显孤僻，对政治问题、国家大政方针较为敏感，看社会阴暗面较多，上初中时就有组织政治团体甚至政权机构的构思和行动，引起了学校领导的密切关注。

该生聪明，学习基础较好，学习方面从来不用老师和家长操心。但升入本校高中后仍旧不合群儿，对许多问题的见解总是与众不同。同学们认为他可怕，不愿接近他；老师认为他怪也尽量回避他。而学习上的优势使他顺利进入了我所带的重点班。由于先入为主的成见，我从思想上不愿接受他，甚至告诫同学们别受他的影响。这样维持了三个月后，期中考试他的成绩迅速下滑，按照学校规定他应该回到普通班。面对其他几位都比我年轻、面露难色的班主任，我不忍心再把这“包袱”甩给他们了，经校长批准，作为特例我把他留了下来。这时候我开始意识到，他的学习成绩之所以下降，与我对他不冷不热的“维持”有关。我对他的关心与督促不够，同学们给予他的热情与交往也不多，使他有一种在这个班里“灰溜溜”的感觉。经过反思后，我重新制定了对他“因势利导，坦诚相待”的原则，引导其扬长避短，纳入正常的人生轨道。

大道理、空洞的说教对学生不起作用，对高中生更不起作用，对他就只能起反作用了。我首先分析了他的优势:聪明、知识面广，有较强的表现欲，不避讳谈自己的观点，对我有着起码的尊重甚至是敬畏，对我的哲学课十分感兴趣等等。这就为我与他之间的沟通开辟了一条很好的通道。接下来我的具体措施是:

一、安排和鼓励一些十分优秀的同学主动接近他、影响他。现已证明这一步是正确的，他与后来考上清华、北大的崔岩、王海洋等同学交上了朋友，受到许多正面的启发和影响，而且融入集体后再不显得那么孤独，跟同学们有了共同语言。

二、不再回避他所关心的一些国家时政、社会热点问题，与他正面进行探讨，用我的知识和对问题的认识去影响他。尤其面对我们国家、社会中的一些阴暗面、消极因素等，不唱高调，不文过饰非，而是承认现实、正视现实，帮助他从深度上去分析原因，尤其指出他看问题的肤浅与片面；从广度上去认识这是社会发展过程中不可回避的问题，而不是中国独有的；特别告诫他一味地关注社会弊端，产生和积蓄对国家、对社会不满情绪的危害性和危险性。“亲其师，信其道”，最终他心服口服。

三、充分利用他感兴趣的哲学课，引导他全面地、一分为二地分析问题，用联系的、发展的观点来解开他心中的一些疑惑。他有一个最大的优点：只要把他说服了，他想明白了，就会欣然接受，所以与我的交流往往是“以理服人”的最好实践结果。

对这个学生，我没有过责备和训斥，有的只是关心、爱护和交流。他逐渐变得不那么固执了，越来越能接受我的观点了，高二以后表示愿意跟着我学文科。进文科班后，几乎天天追着我问一些哲学问题，我给他掰开了揉碎了地讲解、分析，尤其遇到与现实生活关系密切的问题，更是要讲深、说透，每一次与我探讨或向我请教一个问题后，他都要十分虔诚地说一声“谢谢老师”。令我欣慰的是，高考他以530多分（文科第四名）的成绩考上了对外经贸大学。大学四年的寒暑假都要约上同学来看我，始终与我保持着联系。

一个老师、同学甚至学校领导公认的“怪学生”，在我手里变得“顺溜”了、“正常”了，我最深的体会就是四个字——因势利导。对于个性较强、有一定特点的学生，万不可以有“非给他掰过来不可”的想法和企图，那样有可能老师和学生两败俱伤，而尊重个性、因势利导，用心、用脑、用情、用功夫，任何孩子都是可以再塑的。

附：给该学生的高二鉴定

个性强，有主见，有毅力，发现自己学习上的漏洞后能够积极去补救，而且收到明显的效果。在对社会问题的一些看法上，你应该意识到你毕竟年龄不大、涉世不深，发表意见还为时过早。不过我已经欣喜地看到了你在这方面的进步。

关承华

响鼓也要重槌敲

我在《别和青春期的孩子较劲》一书中，从家庭教育角度用相对较重的笔墨写了我的学生王海洋。他的优秀——高中入党，北京市“希望之星”十佳中学生，考上北京大学;他的自立自强——勇挑校学生会主席重担，为母校做了大量工作;他的勇于探究——独自一人行程一万多公里进行社会调查等等。这些确确实实要归功于他父母亲的影响与教育。正像王海洋面对记者采访时所说的:“如果把我比作父母种植的树，那么从一开始他们就是善加引导而不是粗暴修剪的，这使我获得了宝贵的个性。”可是王海洋却又总是说“上高中遇上了关老师是我一生的幸运”。长期以来，在他人生遇到路口需要抉择时，他都会来一个电话:“关老师，我是海洋。您最近身体好吗?有个事跟您商量，您帮我拿拿主意……”在高考选择学校、选择专业问题上，在大学毕业后的发展方向问题上，在选择女朋友问题上等等，他都要听听我的意见或建议。三年的师生关系，我们成了忘年交，结下了深厚的情谊。

说起王海洋在上学时的表现，老师们往往会赞不绝口。而学习优秀只是享有赞誉的一个方面，他的品行和能力更被老师和同学们称道。高中三年，王海洋获得过不少的荣誉，但他丝毫也不张扬、不炫耀，在老师和同学们面前十分谦逊；面对社会上一些不良少年的寻衅滋事，他不畏惧、不退缩，以一身正气制服对方，然后再机智脱身；代表北京市高中生出访日本，在访问团全体成员中他的年龄最小，但在整个行程中他却忙前忙后，服务于大家；王海洋作为学生会主席发表的激情演讲，博得了全校师生的高度赞扬。可以这么说，王海洋始终是他父母的骄傲，育英中学的骄傲，也是我的骄傲。但是我在这里着重要说的不是他的优秀，而是作为一个中学生、一个孩子，他身上也有缺点和不足，他也在犯错，罩在他身上的光环并不能遮掩他在成长过程中时隐时现的瑕疵。尤其作为我这个班主任来说，非但不能“偏向”他，还要用心去观察和发现他的问题，甚至用挑剔的眼光去审视他的行为表现，挖掘他的内心活动，用更高的标准去要求和激励他。

由于他具备很强的工作能力和组织能力，班级工作我放手让他去做。无论是组织主题班会，参加学校歌咏比赛，还是班费的管理等，他与副班长张璐、生活委员崔岩、宣传委员陈薇——都是我十分得意的学生，合作配合，把班级管理得井井有条，我很是省心。在他们读高三时，有一天王海洋拿着一张邮局订阅收据给我：“老师，我用班费给班里订了一份《参考消息》，让同学们在紧张的学习之余也能了解一下国内外重大新闻。”看着这张收据，听着他似乎有道理的表白，我心猛然一缩——不好！这孩子在心态上出现了偏差！第一，他是先斩后奏，订完了，钱花出去了才告诉我；第二，他是假公济私，假借集体的名义，实际上是在满足个人的需求。因为我太了解他了，只有他对《参考消息》情有独钟，大部分同学是不那么感兴趣的。为了不让他太难堪，我不动声色，故作平淡地嘱咐了一句：“以后做这种事先征求一下我的意见。”其实他已经意识到了我的不快而心存忐忑，但我仍旧不能放过他，要在适当的时机揭他的疮疤，让他知道疼，才不至于恶化。而且我相信不久就会抓住“教训”他的机会，因为在浮躁心理的驱使下，他还会因耍小聪明而犯错误的。

不幸被我言中。没过多久，学校党支部要求他交一份思想汇报，因为此时他已经被党组织列为重点培养对象。他写好后拿给我过目，我一看，立即再一次发现了他自以为是、文过饰非的膨胀心理：一共写了四页信纸，满篇都是自己的成绩和功劳，说到自己的不足，只寥寥数语，有那么五六行文字，且空洞无物，完全是走形式用的点缀，似乎他这个人太完美了，真的无可挑剔。可恰恰就是这样的一份思想汇报，让我意识到王海洋这面大家公认的“响鼓”，需要我用重槌猛击了！

我找他进行了一次谈话，一次非常严肃甚至有点严厉的谈话。我首先帮他分析了思想汇报暴露出的思想问题，然后揭穿了他订《参考消息》施用的小伎俩，最后追根溯源：表扬听得太多了，荣誉冲昏了头脑，得意有点忘形。王海洋毕竟还是一面“响鼓”，对于我的严厉、我的不留情面、我的一针见血，他表示心悦诚服，发热的头脑被我一瓢凉水冷却下来了，认真反思了自己的心理变化和行为偏差，并拿回自己的思想汇报重新进行了修改,着重剖析自己的缺点和错误，原来三言两语的敷衍变成了深刻的自我反省，我看了并表示满意后才交给了校党支部。

这一次教训，对于成长中的王海洋来说是深刻的，够他记一辈子的。不久，他就凭借自己的良好表现通过了组织的考验，成为中国共产党的一名预备党员，在高中阶段，刚满 18 岁就实现了自己的崇高追求。

一般来说，学生们固有的思维定势是:老师都偏向学习好的同学。平心而论，学生们的这种带有不满情绪的评价基本上是符合实际情况的。对于学习优秀的孩子，老师们多多少少会有一些偏爱，尽管在有意识地注意着，也难免在不经意间有所流露。何况像王海洋这样的学生，当时在育英中学简直就是个公众人物，数学老师孙长娟曾不无羡慕地说过:“人家王海洋妈妈怎么这么有福气，生了这么个好儿子！”作为班主任的我能不感到宽慰和欣喜吗？但是我更明白，他毕竟是个十七八岁的孩子，过多的赞扬和褒奖是好事也是坏事，稍不留神就可能毁了他。于是我把对他的爱隐藏在心里，表现出来更多的是严格和严厉。我曾戏称:在王海洋面前，我是一把小锤，时不时敲打他两下;我是一瓢冷水，经常浇一浇他要发热的头脑;我是一个千斤坠儿，当他飘飘然时把他拽回地面。他与同学们犯了同样的错误，我对他的处理会更严格。高二时，班里不交作业的现象趋于严重，理由经常是忘带了，是真是假不好判断，让他们回家去取又得顾及路上安全。于是我就拿王海洋开刀，当他也有两次不带作业时,我使了个“损招儿”——让他家长亲自把作业送到学校来，一来让他感到内疚，二来“杀一儆百”，三来也让同学们意识到我对王海洋的不留情面。那天正好是个大风天，当他妈妈顶着风骑车到学校后，我俩联起手来狠批了他一顿，让他长记性，让其他同学接受教训。我一直认为，内疚感是孩子们成长的最好动力，知错—内疚—改正—进步—成长，人生之路不就是这样走出来的吗？

古语说“严师出高徒”，如果王海洋算是个“高徒”的话，却不敢说出自我手，因为他的基本素质是他的家长培养和造就的，小学六年、初中三年教他的老师们功不可没。高一成为我的学生时，他的品格、能力、学习成绩等诸方面已经初露锋芒。面对这样一个学生，我始终保持着平和的心态；听着老师、同学们对他的赞扬，我一直保持着冷静的头脑；我虽不是党员，但高一第二学期我就动员他写了入党申请，对他提出了更高标准的要求；对他成长过程中暴露出的问题，我及时纠正，绝不姑息。从这个角度来说，我在王海洋三年的高中学习生活中确实扮演了“严师”的角色。

今天的王海洋大学即将毕业了，今后无论他从事什么工作，我相信这面我曾经重敲过的“响鼓”，都会铿锵作响。

上好开学第一课

司马光在《资治通鉴》中说“德胜才，谓之君子;才胜德，谓之小人。”，表达了一位中国古人对德与才的个人见解以及对“德”的偏爱;而爱因斯坦所言“人类最重要的努力，是在我们的行为中追求道德，只有道德的行为才能给生命以美和尊严”，则是一位外国著名科学家对于道德的崇尚。良好的道德始终是做人的第一准则，学校作为教育的主阵地，显然应该把育人——培养学生良好的道德品质，教给孩子做人的道理放在教育目的之首位，在此基础和前提下才可能把“人”培育成“才”。所以我一贯坚持的一个教育理念就是:“人才”二字“人”在先，要成才先做人。落实思想品德教育不是一句空话，需要我们这些与学生接触最密切的中小学教师们，把“德育”贯穿于日常的教育教学活动当中——德育的机会无处不在。

作为教师，尤其是班主任，都有带起始班级的机会——小学一年级、初中一年级和高中一年级。每当一个新的学年开始,老师们“领命”完毕即将登上一个新的讲台而面对一批新的学生时，新教师往往会紧张、忐忑，准备迎接一场全新的挑战与考验;老教师则会处变不惊，胸有成竹，用自己多年积累起来的经验去从容面对新一轮的工作。无论新老教师,此时都像上满了发条一样,调动起每一根神经，全身心地投入到班级建设中，都希望通过自己的努力带出一个过得硬的优秀班集体。可是事实却总是应了中国的一句老话——十个指头不一般齐，往往在同一个年级中，班与班之间的班风、学风、凝聚力乃至学习成绩会拉开较大的差距。原因何在？我一直在试着寻找带有规律性的原因。在分析研究中我发现：生源分配上偶有不齐是一个客观原因，确实存在着某一个班级中某一类学生相对集中的现象，但这是带有偶然性的；班主任的性格对班级工作，甚至对学生习惯的养成有着明显的影响，老师的争强好胜、严谨认真或者大大咧咧、不拘小节都无形中传给了孩子；而班主任的管理思路、管理策略及管理手段，是一个班集体优劣的决定性因素，多年的班主任经历使我确认这一点。

既然班主任的管理对于优秀班集体的形成至关重要，那么带一个新的起始班级，班主任与学生的首次见面，也就是学生走进新校园、新教室的第一课，是对学生进行人格教育和品德教育的最好契机，把握好了这一契机，就为培育良好的班风做了铺垫，为形成班级凝聚力打下基础，为和谐的师生关系打开了通道，一个优秀的班集体就从这里起步。

几年前，我接受育英中学高一（4）班的班主任工作。拿到一份完全陌生的学生名单时，我首先揣摩和分析了来自十几所不同初中的学生们的不同心态，这里有新奇感、陌生感，也有失落感（没考上重点高中的）；有兴奋、有不安，也有怀疑。无论48名学生持有什么样的心态，但对于高一（4）班这个新集体来说，48颗心还是散的。如果班主任一上来就抓学习、谈高考，看似“务正业”，但效果不见得好。于是我决定从“收心”和“聚力”入手——把48颗心收到一起，增强集体凝聚力，而且刻不容缓，必须从师生第一次见面就切入这个主题。于是在其他老师们在黑板上写下“欢迎新同学”时，我精心设计了一句“你们是高一（4）班的主人”，醒目地展现在黑板上，让学生一走进教室就产生一种主人翁意识。然后就从“主人”二字说起，着重谈了主人翁责任感，表达了我与同学们同舟共济、荣辱与共的愿望，大家达成一个共识：高一（4）班集体是我们共有的，集体好大家受益，集体差大家受损；凡是集体的事情，每一个成员都责无旁贷。就是开学这第一课，为我们后来成为北京市优秀班集体奠定了坚实的基础。

这一届高考结束后，我又接了一个新的班级——高一（6）班，而且是本年级的重点班。全年级的学习尖子集中在一个集体中，对我来说是一个新的课题，也是一次新的挑战。因为这些孩子虽然有着学习上的明显优势，但是也有老师、同学们公认的劣势，比如自私、傲气，对集体关心不够等等，所以如何把这些“腾云驾雾”的学生引到“地面”上来，让他们脚踏实地地正确评价和认识自己，是我要给他们上的第一课。这一课我又做了精心的准备：首先在黑板上写了“我们并不是最好，我们应该成为最好”；然后请我刚刚毕业，考上北京大学、第二军医大学、对外经贸大学的学生们回到母校，让他们讲三年高中的体会（我故意退出，但是在门外听到了阵阵掌声）；最后我走进教室，围绕“我们并不是最好”指出他们身上的不足，刹刹他们的傲气，再阐明为什么“我们应该成为最好”，我们怎样做才能成为最好，帮助学生建立起争优求胜的信心。在以后的三年里，我们班被评为北京市优秀班集体，高考取得了优异的成绩。但在我看来，最大的收获是任课老师们普遍反映“六班学生不狂、不傲，特别谦虚”，而这一好评与我三年前的德育第一课是密不可分的，可以说这一课起到了规范、引导、要求甚至是定型的作用。

送走了又一届高三毕业班后，我承担了初一(4)班的班主任工作。从高三到初一，两个不同年龄段孩子的区别使我必须重新调整带班思路。面对一批稚气未脱，对新学校、新环境充满好奇的孩子们来说，深层次的道理与说教显然是不适合的，必须站在孩子们的立场，用孩子的思维方式去激发他们的热情，调动他们的积极性，让他们从一开始就爱上这个集体。于是我在黑板上设计了“咱们班最棒”这句既通俗又有激情的话，后面还加上一个大大的彩色惊叹号，使孩子们刚一走进教室，自豪感、荣誉感便油然而生。然后围绕“咱们班能不能最棒”和“怎么样才是最棒”两个问题，孩子们展开了热烈的讨论，大家一致把目标定位于“争做优秀班集体”，并纷纷献计献策，人人表示要从我做起，为集体争光，不给集体抹黑。也就是从这一课开始，初一（4）班的良好班风建立起来了，凭借同学们的共同努力，连续两年获得优秀班集体的光荣称号，实现了“咱们班最棒”的美好愿望。

根据我多年来对班主任工作的摸索，通过以上三个典型案例，我得出的结论是：**上好德育第一课是带好起始班级的关键。虽说万事开头难，但事情如果能够开个好头，将可能产生事半功倍的效果。**作为教师，第一节课上得精彩会给学生留下深刻的印象；作为班主任，在学生面前的第一次亮相更是至关重要，你的穿着打扮、言谈举止会引来学生们的评价，而更重要的是你的工作魄力、带班思路、表达能力、管理方法以及对学生的亲和力等都会在这短短的时间里展示在学生面前。不夸张地说，别看老师是成年人，往往是与学生一见面就被学生看透了，随之而来的也许是信服、钦佩，也许是怀疑、不信任，也许是失望甚至对立。如果一旦是后两种效果的话，由于没有走好第一步而使得在以后的班级管理中多了些障碍，多了些坎坷，班主任需要加倍地付出，还不一定取得好的效果。而如果在第一时间获得学生们的信任甚至佩服，让学生有一种“跟老师贴心，在这样的集体里放心，对自己的进步有信心”的感受，那就说明老师已经抓住了孩子的心，班级管理能很快走上正轨，进入良性循环，为形成良好的班集体奠定了基础。

对于班主任第一课的切入点，老师们可能仁者见仁，智者见智。有的老师强调要给学生个下马威，先镇住学生；有的老师主张必须先立规矩，没有规矩就缺少约束力；有的老师认为先得拢住学生，给学生留下个好印象……虽然都各有各的道理，各有各的习惯做法，但是我坚决主张要从德育入手，把指导孩子做人摆在首位。这一步走坚实了，可以在班级管理工作中起到提纲挈领的作用，因为“德”说大就大，说小也小。说它大，因为“德”是做人的根本，班主任必须抓住这个根本不放；说它小，因为“德”贯穿于一个人日常的点滴行动之中，有“德”和无“德”在孩子们的行为表现中随时随处可见。而良好的班风、浓厚的学风、集体荣誉感、集体凝聚力等等，都是以良好的道德规范作为前提条件的。古人所云“传道、授业、解惑”，明确告诉我们为人师者的首要任务就是教给受教育者做人的道理；我们通常所说的“德智体全面发展”，“德”放在第一位绝不是一个单纯的顺序问题；邓小平提出的“四有新人”——有理想、有道德、有文化、有纪律中的理想、文化、纪律哪一个也离不开大的道德范畴。所以，**作为老师，在完成本学科教学任务的同时，不可摒弃对学生的道德教育；作为班主任，我们的主攻方向就应该定位于“德育”，落实于“教会孩子们做人”；作为带起始班级的班主任，更应该从“德育”入手，抓住孩子们的思想，摸准孩子们的心理脉搏，因势利导，引领着孩子们在“做人”与“成才”的道路上顺利前行。**

主题班会的点睛之笔

组织和召开主题班会，是中学班主任每一个学期必须完成的一项工作。一般来说是在每次开学初，由学校政教或者德育主管部门布置任务、提出要求、规定内容，班主任老师要事先拿出计划，然后围绕主题发动同学们积极参与，届时学校领导亲临现场观摩，还少不了拍照、摄像。当然，这项活动是学校德育工作的一个重要环节，是学生进行自我展示、自我教育的一个有效手段，所以一个40分钟的主题班会，老师、学生总得准备个十天半个月的。在这个过程中，学生是异常地兴奋，找资料、排节目、写串词，尽心尽力，忙得不亦乐乎，几乎人人参与。也就是在这样的参与过程中，孩子们的能力得以展示，集体凝聚力和集体荣誉感得以增强——这才是主题班会真正应该达到的效果。可是，班主任们却往往苦不堪言，因为太牵扯精力了，从策划、组织、编排节目，到布置会场、准备讲稿，哪一样也离不开班主任的操心。尤其是初一、初二年级，更是需要老师的亲力亲为，因为在一段时间内，各个班级都要开同一个内容的主题班会，老师们都希望自己的班级能够出彩，得到领导的肯定和同行们的认可，于是一边哀叹这份“苦差事”，一边紧锣密鼓地精心筹备。

按照一般的程序，主题班会在接近尾声时都要有班主任讲话，这似乎已经成为惯例。绝大多数老师的讲话都是总结式的说教，对于当时还处在亢奋状态的学生来说意义不是很大。对于这个问题，我曾经做过认真的思考：难道班主任在这样一次活动中，仅仅是一名组织者？既然我们投入了那么多的时间和那么大的精力，为什么不能自己也参与其中，像学生们一样融入到主题中去，让学生感到老师也是班集体中的一员，而不是居高临下、指手画脚的长者，而且还能起到烘托气氛、增强教育效果的作用。于是，我开始尝试，在《青春无悔》主题班会上，我以自己参演节目的形式，朗诵了一首自己写的小诗，收到了非常好的效果。

青春无悔

十六岁，是令我羡慕的年纪
因为我，不曾拥有十六岁的花季
青春的脚步匆匆走过
只留下了许多遗憾的回忆

我羡慕
羡慕你们充满青春的幻想
我羡慕
羡慕你们生活中的蓬勃朝气
我羡慕
你们得到了太多太多的爱
我更羡慕
羡慕你们在知识的海洋里尽情地汲取

我虽羡慕，但我无悔
青春虽逝，却给我留下了顽强的意志
岁月蹉跎，却教会了我做人的道理
二十年在教育战线上的辛勤耕耘
正是这些精神把我时时激励
我虽然没有了十六岁的花季

但作为老师，我用知识的营养培育了花儿朵朵
作为朋友，我时刻分享着你们青春的乐趣
是你们又给了我青春，给了我朝气
我向你们表示深深的谢意

十六岁的朋友们
你们刚刚迈出青春的脚步
前面有希望，也有荆棘
任重而道远
希望你们铿锵有力地走下去
用你们的智慧和知识
用你们健康的体魄
用你们非凡的能力
去迎接属于你们的二十一世纪！

尝到了甜头之后，在高二年级一次以《面对压力和挫折，我们的回答——》为主题的班会上，我又以自己的切身经历和感悟为内容，赋诗一首——《面对压力和挫折，一个过来人如是说》。我的真情实感打动了同学们，把班会气氛推向了高潮，强化了教育意义，收到了比预期更好的实际效果。班会结束后，学生们评价说："今天您的朗诵真是点睛之笔。"

面对压力和挫折

——一个过来人如是说

人生有幸福与欢乐
但也有痛苦和坎坷
应该如何面对
这是人生经历中的重要一课

回首往事
面对生活中的不如意
我有过抱怨和退缩
面对工作上的压力
我也曾想得过且过
面对他人不公正的指责
我也曾以泪洗面厌倦了生活
面对挥之不去的烦恼
我曾迁怒于命运的不济，上苍的刻薄

可是当跳出个人的小圈子
环顾大千世界
才发现自己的苦恼是那么微不足道
自己的心灵是那么脆弱

当代牧马人曲啸，经历百般磨难死里逃生

却依旧那么热爱生活

张海迪忍受着常人无法想象的痛苦

送给人们的却是微笑、诗歌

先天缺少四肢的日本青年乙武洋匡说：

“残疾确有不便，但绝非不幸，所以应该

每一天都快乐”

他用重残的躯体跑步、爬山、打球、游泳

在别人惊异好奇的目光注视下

完成了小学、中学、大学的全部课程

他让我感动，让我钦佩

而更让我震撼的是他伟大的母亲

见到如此残疾的儿子，没有伤心，没有难过

一句“我可爱的乖乖”道出了她的心声：

“看到儿子无手无足的惊异，比起母子终得相见的喜悦

又算得了什么！”

看看这些强者

我羞愧于自己的软弱

人生哪有坦途

生活必有坎坷

辩证法不是也告诉我们

道路就是前进与曲折
压力，苦恼，困惑
痛苦，磨难，挫折
是在教会我们如何去品味生活
回顾自己走过的近五十年的道路
虽然磕磕绊绊付出了许多
但是看到了你们的成长
我由衷地说一句:“值得！”

让我最难忘的，是带了多年高中后，2001年到北英中学又当上了初中班主任兼年级组长，教育思路和管理手段都要进行适当的调整。因为毕竟孩子年龄小，自制、自理能力要差许多，但是有一个宗旨我始终不变，即:用真心，真情善待每一个孩子。而不久发生的一个事件，伤了我的真心、动了我的真情，引起了一场轩然大波。事情是这样的:根据《中学生日常行为规范》要求，学校及年级都有明确规定，不允许进网吧玩游戏。老师们不厌其烦地反复强调、反复叮咛，可是仍旧控制不住个别学生钻空子，放学后偷偷摸摸到网吧里去玩。作为年级组长，我是抓住一个批评处理一个，绝不姑息。由于我既是年级组长又是班主任，年龄又是最大的，自以为学生会由于尊重而更听我的，正在暗暗得意其他三个班都有进网吧的同学，唯独我带的四班没有发现时，突然接到学生举报:我们班有七八个男生也经常在光顾一些黑网吧，沉迷于网络游戏。经调查属实后，我勃然大怒，一种受欺骗的感觉几乎让我失去了理智，气愤、恼火、伤心甚至羞愧都交织在了一起，我冲动地撩起衣襟，露出了腹部六寸长还没有完全长好的刀疤（做完胆囊摘除手术时间不长我就上班了），吼了一句“这个班我不带了！我的付出换不来你们的真心！”，便含泪冲出了教室。当时，伤心和委屈到了极点，班长的劝解，犯错误学生哭着向我认错，我都没有接受。第二天，孩子们送来一首动情的诗，向我发出了真情的呼唤：

献给敬爱的您

四十八个对不起，
四十八个想念您——母亲！
四十八个等待您快回来！

这无数个日子，您与我们共度过，
您身带着伤痕，还用心讲着课，
母亲啊母亲，您快回来！
四十八个心灵在等待您，
一切的一切都是我们的过错。
虽然在现在，我们带给您伤害，
但我们坚信，在不久的将来，我们会带给您惊喜！
我们是那样的敬爱您，

是那样想和您在一起度过这三年的金色时光。

记得您当初说我们有着稚嫩的脸庞，
您不想看看我们成熟后的脸庞吗？
我们是那样地需要您的滋润，
请您快回来吧！

这是诗吗？既不合辙也不押韵——但我被震撼了！这是孩子们的心声，他们担心甚至恐惧我离他们而去，这是远远超出师生之情的真挚情感。当学生们每人手捧一枝康乃馨迎接我回班时，我不能也不愿再拒绝，因为我其实也离不开他们。回到孩子们身边，虽然又一切如常，但心中的那份感动迟迟没有淡去，我对他们的那份情、那份爱更浓了。终于，一个表达的机会来到了：学校要求召开以“爱校”为主题的班会，同学们积极准备，用许多短小精悍的节目歌颂学校、赞美我们的班集体，于是，我正好借此机会道出了我的心里话：

我和你

我和你，
相识在北英中学校园里。
是师生？是朋友？
是母子？是母女？

里面都含着一份深深的情谊。

你进步了，我喜在眉梢；

你受伤了，我痛在心里；

你获奖了，我和你一样激动；

你发烧了，我的眼皮就是最好的温度计。

还记得吗？

当你走进网吧，我曾勃然大怒伤心至极，

因为穿着这身紫色校服不该走进那污浊之地；

你，在损坏北英中学的形象，

我，不能允许！

你认识了错误，追悔莫及，

你惭愧自责，痛哭流涕。

当你、你、你，四十八个声音汇成一句话：

“回来吧，母亲，我们不能没有您，”

我在心中默默地回应：

“孩子们，我也舍不下四十八个你。”

不用说原谅，

更不用说对不起，

我传递给你的是一份真情，

收获的却是四十八份心意。

我和你，都是北英中学的主人，

初二（4）班是一个值得骄傲的集体。

我爱它，它是我努力工作的动力，

你爱它，就该去为它争得荣誉。

你和我，我和你，

让我们携起手来创造北英中学的新天地！

这次主题班会的高潮可以说是前所未有的，学生们没有想到我以这种方式原谅了他们的错误，师生之间的这份感情又一次得以升华。主题班会没有流于形式，而是真正激发了孩子们对学校、对老师、对集体乃至同学之间的挚爱、友爱和关爱，提升了主题班会的实际效果，我也再一次尝到了参与到学生活动当中去的甜头。

虽然几次主题班会我都采取了诗朗诵的形式参与其中，但并不是想说明我的这种方式就是最好的。班主任作为班会的组织者，要着眼于效果，形式是为效果服务的，形式的生动活泼、丰富多彩固然重要，但要围绕主题把握一定的深度，给参与者留下深刻的印象，就需要班主任的“点睛之笔”了。我曾经用我的这种理念指导过两位年轻教师，打开了她们的思路：一位是汪丽萍老师，围绕着要讨论的主题，把以往传统的主持人改换成模拟记者，同学和老师都作为采访对象，在主题班会上进行现场交流。这时候的班主任自然融入到同学们中间，不留痕迹地表述了自己对于主题的认识和理解，而且肯定比同学们要深刻，收到了很好的效果。另一位更年轻的老师杨妍，第一次当班主任，第一次组织召开主题班会，接受了我的建议后，精心设计了“知心姐姐热线”的场景，孩子们一个一个提出问题，她给予亲切、耐心的解答，既体现了主题，又呈现了一幅情景交融的氛围，而且40分钟的班会，虽然主要是学生在活动，但却全部在杨老师的掌控之中——这是一次十分成功的主题班会。

总之，无论是组织班会还是其他活动，都是教师教育能力、组织水平和管理艺术的展现，教育对象、展示平台相差无几，关键看组织者的创意中包含了多少对学生的爱、对事业的敬。

青春期性健康教育实录

课题：直面“性”

任课教师：关承华

授课对象：北英中学 初二4班 男生

使用教材：《初中性健康导向》（海淀区）

设计思想：

由于社会的飞速发展，人们物质生活水平不断提高，青少年的生活和成长环境在发生着改变，客观上对孩子们起到了“催熟”的作用，他们的性生理发育加速、提前，他们的性心理在朦胧中躁动，在日常行为中的突出表现就是“性探索”与“性模仿”：探索是出于好奇——越不懂、越神秘，越想探得个究竟；模仿则来自于萌动的“春心”和外界耳濡目染的影响——他们认为自己长大了，可以做了。遗憾的是，在今天的学校教育或家庭教育中，对未成年人的性健康教育始终是个空白，没有人科学地、系统地、正面地对懵懂中的孩子们给予帮助与指导。学校首次开设青春期性健康课程，就是给学生开通了一条了解性知识、端正性理念、规范性行为的正当渠道，对未成年人的身心健康成长十分有益。

教育目标：

1. 从“性”的生物学层面，淡化学生对“性”的神秘感，让学生明确：性是生物（不仅仅是人）繁殖的基础，是与生俱来的。

2. 从“性”的社会学和心理学层面，让学生清楚认识：人的“性”与动物的“性”的本质区别。

教育重点：

1. “性”并不神秘。

2. 人的“性”与动物的“性”有本质区别。

教学准备：

1. 因为是首次开课，对学生和家长都是一件新事物，因此提前做了一个问卷调查。

2. 在正式上课前先上一节阅读课。把海淀区的《初中性健康导向》人手一册发给学生，告诉孩子们这是教材，是公开发行的，放心大胆地看。同学们拿到书后有兴奋、有好奇、也有羞涩，刚开始还嘻嘻哈哈不好意思看，但是当我有意识地背过脸不看他们时，教

北英中学青春期性健康教育问卷调查

学生姓名		年　　龄		所在班级	
父亲姓名		工作单位		学　　历	
母亲姓名		工作单位		学　　历	

家长卷	学生卷
您觉得学校有必要开设青春期性健康教育课程吗?	你同意学校开设青春期性健康教育课程吗?
您认为什么年龄段应该对孩子进行性教育?	你有关“性”方面的知识主要从哪些渠道获得?
您了解您的孩子目前性生理及性心理的现状吗?	你心中的“小秘密”一般会向谁倾诉?
您对我们的青春期性健康教育有什么建议?	你想了解哪些方面的性知识?

注:1. 考虑到学生的隐私，问卷要求家长先填，学生后填，然后每个人直接交到老师手里；2. 要求家长填学历，是因为文化素质的不同，对这一问题的看法有较大差异。

室里逐渐安静了下来，每个人都聚精会神地在看书，偶尔会有压低声音的交流。离下课还有大约10分钟的时间，我发给每人一张小纸条，让他们以不署名的方式写出自己在“性”方面的困惑，或者是想了解什么。

这一节准备课结束，可以看出孩子们已经对这一新课程有所期待了。

教学过程：

由于女同学不在教室，我坐在教室中间，让同学们搬着椅子向我靠拢，大家都表现出了异常的兴奋，把我紧紧地包围了起来。

学生们满以为我要直奔“性”主题了。

我却拿出一张报纸上剪下的报道：**“顺义农民发‘羊’财，一只波尔种羊拍了13.8万”**，说的是在北京顺义举行的一场拍卖会上，来自全国各地的养羊大户们争相竞拍一批优质种羊。一只产自德国波尔的种羊以13.8万元的高价被一浙江农民斩获，不但赢得了同行们的羡慕，人们还纷纷索要他的联系方式。

还不等我提问，学生们已经七嘴八舌把问题提出来了：“为什么呀？”“这羊有什么特殊吗？”“凭什么一只羊能卖一辆车的价？”

师：“这儿有照片，大家来看看这只高价羊吧。”

照片上的羊高大肥硕，满身卷曲的毛，顶着两只弯弯的犄角，身上披红，头上戴花。

同学们又议论开了：“除去大，也没什么特别的呀”，“是它的肉质好，肉好吃吧”。这时候有明白的同学找到了答案：“你没听老师说，这是种羊，回去配种用的！”同学们哄堂大笑，我借机引到了今天的课题上。

师：“这位同学说的非常对。波尔山羊是目前世界上最优质的羊，13 万 8 买的可不是一只羊，而是让它和母羊交配后，繁殖出更多的优质羊。你们注意到一个细节了吗？没有得到波尔羊的人们留下羊主人的联系方式，就是要在以后再去买他的小羊，也就是这只波尔种羊繁殖的后代。其实这就是我们今天要回答的一个问题：性，到底是什么？不用不好意思，也不要回避，通过刚才这个例子，我们可以非常坦然地说，性就是生物繁殖的基础。请注意，是生物，不仅仅是人，人在整个生物界看只是一小部分”。

（同学们表示认同，并七嘴八舌发表议论：人分男女、动物分雌雄、植物也有雌株雄株之分，没有性就没这个世界了，等等。）

师：“有这样一种情境大家一定不陌生：一位母亲分娩时，产房外往往会有好几位亲人怀着既喜悦又忐忑的心情在等待。当新生儿的一声啼哭传出来，有大夫或者护士从产房走出，人们问的第一句话一定是——”

生：（抢着回答）“男孩女孩？”

师：“没错，正常情况下，一般都会首先提出这个问题。其实这又是一个关于性的最基本内容——性别，而性别可是与生俱来的，也就是说，人一出生就带着‘性’来的，并不是什么神秘的事情”。（有的同学联想到了人妖，有人提到了变性，我承诺他们以后都会一一解答。）

师："通过刚才大家的议论，我们可不可以达成一个共识：单纯从生物层面上来讲，其实'性'没有什么可神秘的，就是生物繁殖的基础、人类繁衍的基础。'性'是与生俱来的，没有'性'就没有这个世界。好，现在大家已经坦然接受我的观点了，因为你们在讨论的过程中没有羞涩和扭捏了。可是——"我话锋一转："如果一个流氓、色狼强暴了一个女孩子，人们会用什么样的语言来怒斥或形容他？"

生："畜生"、"禽兽"、"不是人"、"猪狗不如"、"没人性"……

师："好，你们的回答提出了一个问题，虽然'性'是生物繁殖的基础，但是人的'性'与动物的'性'有没有区别？"（鼓励同学们讨论，畅所欲言。）

由于课前看过教材，加上初二这个年龄段有一定的认知能力，同学们很快就得出了正确的结论，他们的答案包括：人有思想；有道德；讲文明；有约束力；有羞耻心；等等。

这时候我让同学们打开书，翻到第6页，看《科学地认识性》一小节：**性是生物繁殖的基础，性的欲望、性的冲动是动物的本能，人也不例外。人与动物不同的是，人有意念、有复杂的情感、有自控能力；人是社会人，要受文明和性伦理道德的约束。所以，谈到人类的性就不能只考虑它的生物属性，还要注意到心理和社会这两个层面。**

结合教材，归纳出人的"性"所涵盖的内容：（板书）

性
- 生物涵义——性别 性器官 性发育 性本能
- 社会与心理涵义 ↓ 区别于动物
  - 性心理
  - 性道德
  - 性行为
  - 性健康
  - 性罪错
  - 性隐私
  - ……

师:平时羞于说出口的一个“性”字，今天咱们聊了一节课，就是要让同学们明确:性并不神秘，但是却应该把它看得很神圣，因为我们是人，不是低等动物，人的性行为是受大脑支配的。对于你们青少年来说，随着性生理的发育，性意识的萌动是十分正常的。这一学期每周都有一节课，关老师和你们一起，主要围绕青春期性心理和性道德两个话题，展开讨论和交流，你们愿意吗?

大家异口同声高喊:“愿意！”下课。

教学反思:

1. 挑战自我

虽然从教近 30 年，当时已经 51 岁，但性健康课对我来说是完全陌生的，而且并不属于中学必修课（很多学校都没有开）。但是我没有拒绝学校的安排，理由就是我认为对孩子们来说，这一课太有必要了，我愿意为他们担起这个重担，挑战自我。

2. 成功之处

（1）男女同学分开上课可以打消很多顾忌，孩子们既能畅所欲言，又保持了良好的课堂秩序。

（2）打乱座位，以老师为中心随便坐，拉近了师生之间的距离，使学生们很放松，便于交流，能够听到孩子们内心深处最真实的想法。

（3）没有枯燥的说教，把道理渗透在大量的案例和真实的材料中，激发了学生强烈的求知欲和兴趣；对敏感问题不回避，正面解答正面引导，学生能够坦然接受。

3. 不足之处

（1）感觉到初二年级再开青春期性健康教育课有些晚，孩子们已经通过很多不正当渠道获得了大量的性知识，而且夹杂着很多不正确的认识，这样就在授课过程中增加了一个纠偏的任务，而且有一定难度。

（2）面对学生突如其来的对于有些敏感问题的发问，有时不能自如应对，因为在“度”的把握上存有疑惑，还需要专家的把关与指点。

总之，上过六年12轮（男女分上，各半学期）青春期性健康教育课后，我的突出体会是：首先，学生有需求，他们很愿意光明正大地学习性知识和接受性导向。每周上课前学生们总是表现出极大的热情，早早把女同学“轰”出去，提前把我的椅子摆好，争先恐后地离我坐得近些，然后坦诚地提出问题，展开讨论甚至是争论，并基本能够达成共识。其次，成长有必要，德育是青少年成长过程中的根本教育，因为“德”是做人的根本，而在当今社会，没有性道德、性心理教育的德育是不完整的，青少年性道德的缺失在成长中必将留下隐患。最后，实施有效果。性健康教育进课堂，只要领导重视，任课教师有责任感，经过专家的培训与指导，肯定会产生良好的效果。

第四章 爱的温暖与滋润让学生心服

“亲其师，信其道。”学生“亲其师”是有条件的，那就是首先感受到了师恩、师爱。与伟大的母爱相比，真情的师爱，温暖与滋润的是孩子们的心，而心花绽放才是最美丽的。

用真情抚平学生受伤的心

据我了解，目前中小学单亲家庭的孩子占每个教学班的8%左右。这些学生越来越引起学校以及班主任老师的关注与爱护，我们尽量做到不伤害孩子的自尊心，让孩子在平等和谐的环境与氛围中健康成长。但是据我观察，还有一部分学生正处在家庭矛盾的漩涡中，即父母感情上出现了危机，或吵架或冷战，矛盾与纠纷不断，明明严重影响了孩子正常的学习生活，却又一味地要求孩子专心学习；明明孩子很苦恼，为了面子和自尊，在学校、同学面前还得加以掩饰，形成了强大的心理压力。这些孩子们的内心是很苦的，作为老师如果能够通过种种迹象及时发现并用真情去帮助他们，换来的必定是学生心理的健康和行为表现上的进步。

王方圆，14岁男孩，初二年级学生。父母感情不和，在离婚的边缘徘徊，矛盾、冲突与分居的情境孩子早已看在眼里恼在心中，产生了极强的逆反心理，情绪低落，学习积极性不高，学习成绩在班级里排在30名以后。期中考试结束后，我一方面做王方圆的心理调整，另一方面做了他爸爸、妈妈、爷爷、姑姑的工作，并求助于体育老师的协助（因为他特别喜欢打篮球）。两个多月的时间过去了，王方圆的精神面貌和心理状态都发生了很大的变化，学习成绩直线上升，期末考试从原来在班里的33名提高到了第12名，成就感使他走上了一条良性循环的学习之路。

用心观察学生，从蛛丝马迹中发现问题

作为一个男孩子，王方圆平时看起来爱玩儿、爱打、爱闹，不留意的话与其他同学也没有什么区别。但我在与他的接触中总有一种异样的感觉：爱哭，脆弱；放学不爱回家；家长会都是父亲来开，从不提他母亲。一次王方圆和同学打闹受了点小伤，我打电话通知他的家长来学校看看，他爸爸正巧出差在外，我知道他妈妈就在附近工作，过来一下应该很方便，但接电话的奶奶却百般推脱，我隐隐约约感觉到了其中的问题。于是我找了一个合适的机会，单独与王方圆进行了心与心的沟通，孩子的眼泪真的像断了线的珠子一样，抽泣着告诉我：他偷偷看了爸爸的离婚起诉书，自己现在不知道该怎么办了。事情果然被我猜中，又是一个陷入家庭矛盾漩涡中的孩子。孩子的无奈与无助使我心痛，小小年纪就要为父母的过错承担压力，这种对童心的摧残家长意识不到，而老师也容易忽视。我庆幸自己发现了孩子内心的痛苦，下决心要把孩子从家庭矛盾的漩涡中拽上来。

尽我所能，还给孩子一个安定的学习环境

按道理说老师是不应该介入学生父母的家庭纠纷的，但是对于王方圆——我的学生来说，他是家庭矛盾的受害者，是一个无辜的未成年人，作为老师我有维护他的合法权益的责任与义务。于是我一步一步地展开了工作。

第一步：找他的父亲交谈，了解了他的基本情况与苦恼。王方圆

的父亲是飞行员，工作任务繁重，可是夫妻感情不和，虽然在尽可能地关心和教育儿子，但总觉得孩子不争气，70 多岁的老父亲因为管孙子也跟他闹矛盾，他很苦恼。通过交流，他才从我这里了解了孩子的内心活动，并表示要改变教育方法，与我进行积极的配合。

第二步：借一个合适的时机把王方圆的爷爷请到我家里，一方面让老人发泄出自己的一肚子怨气，另一方面婉言相劝：您的儿女都已经长大成人，而且个个都挺有出息，您的任务已经圆满完成，功劳已经不小了，教育第三代不是您的法定义务了，让他的父母去尽这个责任。老人的气顺了，从我家走后，我马上打电话给王方圆的姑姑（因为他们生活在一起），一来告诉她老人家回去了，二来请她在他们爷孙之间起一个协调的作用。

第三步：再找王方圆，给他讲 40 岁男人的烦恼，尤其是他父亲，上有老下有小，夫妻不和，还要在天上飞来飞去，让他这么分心该有多危险啊！而且在诸多矛盾中，最让他牵挂的还是自己的儿子；给他讲爸爸妈妈感情上出了问题是他们的事，能够排除干扰、在逆境中把握住自己才是真正的男子汉；给他讲我的儿子在与他相同的遭遇中如何自强不息考上重点大学。看得出，他动真情了，流着泪表示要让爸爸省心，并当即定下目标，期末考试成绩从班级第 33 名提高到 25 名。但是同时也提出爸爸对他特别凶，老不耐烦，尤其在说到父母一旦离异后跟谁在一起生活时，孩子显得十分的无奈与彷徨。

第四步：再一次把孩子的心理活动及态度转达给他父亲。他父亲在表示理解和接受之余，也说出了对他的不满意主要在于他太爱打篮球，参加校篮球队占去了太多的时间，甚至想到要找体育组负责老师，让孩子退出篮球队。我当即表示了反对，因为我太了解王方圆了，篮球是他的酷爱，不让他打球不外乎要了他的命，采取强制措施只会适得其反。

第五步:找体育老师了解到，王方圆在篮球队表现出色，勤快，不偷懒，训练十分刻苦。我向体育老师简单介绍了他的处境及心态，体育老师表示要配合我做好王方圆的工作，鼓励他争取做到学习与打球两不误。

在这个过程当中，我也两次与他的母亲交换意见，取得“为孩子营造一个良好的学习环境”的共识。

在我不断地用心、用情去关心、安抚和开导他的过程中，明显感觉到王方圆在发生着变化:懂事了，情绪稳定了，学习努力了，一次次单元测验的成绩在提高。元旦前夕，他送给我的贺卡上写着“离您期盼的25名不远了”。于是我又趁热打铁:“如果你能够再努一把力，超越25名，关老师一定个人出资奖励你。”

期末考试结束了，王方圆的四门主科总成绩在班里排到了第12名。从期中的33名到预期的25名，再到现在的12名，这种学习上的巨大飞跃让我倍感欣慰。我兑现给他的承诺，在主题班会上，我把自己珍藏多年的有中国国家足球队队员签名的足球送给了他，同学们热烈鼓掌，王方圆热泪盈眶;这个飞跃让王方圆找回了自信，在以后的学习中他一直在班里处于领先地位;这个飞跃让他的父亲惊喜之余还有满心的感动，在四川出差的他给我打来长途电话，喜极而泣，哽咽着向我表示感谢。

一个在家庭矛盾漩涡中挣扎的孩子上岸了，当然他还需要我们的继续关心与帮助。而类似王方圆这种境遇的孩子几乎每班都有，他们渴望真情的援助，他们需要爱心的呵护，作为班主任岂能视而不见，怎能袖手旁观？

家长、老师，尤其是班主任，不要忽视这小小的弱势群体，用我们的真情帮他们一把，也许他们的命运就在我们的真情中得以改变。

对教育过程的品味和思考

在某心理咨询中心，初三学生李中、他的妈妈还有我，三个人面对心理咨询师，我抢先提出了一个问题："我们俩一个是母亲，一个是老师，您先猜测一下，谁是母亲？谁是老师？"咨询师分别上下打量着，然后十分肯定地指着我说："您是母亲！"一瞬间，我从李中的眼睛里看出了一个孩子心灵的震颤。也就是从这一天开始，顽劣的李中转变了，进步了，长大了。当今天，近30岁的李中自豪地告诉我他"中共党员、大本学历、刑警队探长"等身份时，我不禁又想起了当初在心理咨询机构我被错当成母亲的那一幕。

李中是军人的儿子，而且父亲的级别很高，挺大岁数才有了这个儿子。母亲也曾经是军人，与父亲年龄差距大一些，生李中时也30多岁了。在当时来说，他家生活条件的优越是不言而喻的。母亲有着太多的呵护甚至是溺爱，父亲有着军人式的严厉但过问孩子并不多，再加上当时他家居住地所处城乡交界处，周围环境很差，他从小接触的就是一些不学习、打架斗殴的孩子，所以染上了一身的恶习。

考入中学，我是李中的班主任。通过家访，我对他有了一个初步的印象：家庭环境不错，父母文化层次较高，孩子本身智商不低，家长对孩子的期望值较高，但教育、影响等诸多因素使得他行为习惯极差，一般学生所犯的不努力学习、违反纪律等错误在他身上是家常便饭，而尤为突出的是他的蛮横、无理、霸道和目中无人，经常挂在嘴边的是“杀了你”、“剁了你”、“要你小命”等等狂言。一次地理课上他不做笔记，老师仅仅是看了他一眼，他立即当着全班同学的面吼了一嗓子：“看什么看？找死哪！”他父亲被老师请到学校来，正好被他从教室窗户上看见，他极为不满，当即对着他父亲的背影说：“他不想活了，回去我宰了他！”对于李中，老师们都不爱理他，同学们都不敢惹他，而我每天一项重要的工作就是与他“战斗”——一面纠正他的不良行为，一面摸索着“治本”的办法。

一次偶然的事件让我看到了李中的外强中干。

一天上课时，教室房顶上掉下了一块厚厚的墙皮，正好落在李中的座位旁边，他大惊失色，瞬间跳出了一米多远，表现出十分的恐惧。老师和同学们并没有感到有多么异常，很自然地分别拿起笤帚、簸箕清扫地上的灰渣，准备继续上课，但他却心有余悸，说什么也不肯坐到原座位上。见此情景，我开玩笑说：“李中，我以为你多厉害呢，闹半天就这胆量啊！”没想到他随口答道：“您不知道，其实我胆儿特小。”通过这件事，我又重新分析和认识了李中：他本质上并无大错，学习也没有完全放弃，写一笔工工整整的好字，家长对于学校的教育也给予尽可能的配合。对于他的蛮横，无论老师、同学还是家长都采取了谦让、宽容甚至是迁就的态度，无形中纵容了他，使他有恃无恐。但是，我知道他其实把霸气都用在嘴巴上了，内心并无多大的能量，说白了就是“外强中干”。就此，我下决心碰碰这“硬”。机会很快来了，一天自习课上，有的同学随便说话，而这时候的李中正在写作业，他嫌教室里乱，嫌别人影响他了，火气立即撞上了脑门，而且丝毫不加克制，到教室门后抓起一把小笤帚头儿，随着一嗓子“别他妈说了！”，向正在说话的路超扔了过去。虽然由于躲闪得快没被伤着，但路超找到了我。作为班主任，我不能再容忍他这种霸道。可是当我找他谈话时，他仍旧理直气壮地冲我嚷着：“谁让他老说话的，活该！”我让他坐下来，首先亮明我的观点：自习课应该安静学习，说话确实不对，你想制止，本意是好的。但是我又话锋一转，问道：应该用什么办法制止这种随便说话的现象？你上课随便说话的概率并不比别的同学低，可是又有谁用这样野蛮的方法对待你了？你维持课堂秩序应该说是在做好事，用暴力手段伤害同学却把好事变成了坏事。经过一番掰开了揉碎了的分析、劝说，他总算承认自己有错了，于是我进而提出了一个让他始料不及的要求：给路超赔礼道歉。这下他可不干了，居然大言不惭地说：“我从小长这么大就没给人道过歉！”面对他的无理坚持，我也拿定主意——

绝不让步！

“你错没错？”——我问。

“错了！”——他答。

“既然承认错了，就应该用行动来表示。”

“不行！我丢不起那人！”

“一个男子汉，敢做不敢当才真正丢人！”

“那让他也拿笤帚打我一下，就算扯平了。”

“你以为别人也像你一样，那么野蛮，那么不文明呀？”

他还是死扛着，不肯迈出对他来说太艰难的一步。

僵持了几分钟，我起身往外走，并告诉他：“好，我现在就去教室，告诉同学们，李中已经承认错误了，就是没有男子汉的勇气来认错。”还没等我说完，他就十分着急地嚷开了：“您别！我给他道歉还不行，但我就对路超一个人说，我不去教室！”我心中窃喜：我的目的已经达到了，于是我假装顺水推舟：“行，这一次就给你留面子，我把路超找来，你就在办公室给他赔礼道歉，但以后再这么蛮横无理，我可就没这么宽容了啊！”随后我叫出路超，教给他：“李中今天表现就算不错，主动提出来向你道歉，你也要表现出你的宽容和大度。”李中在对路超说完“今天我拿笤帚扔你不对，对不起啊”这句话后，还不忘又补上一句“哼，这是我长这么大第一次给人道歉”，以此来为自己找回一点颜面，但我也没让他这句话掉到地上，而是马上回敬了他一句：“不改改你的臭脾气，就怕今后光道歉都解决不了问题呢！”

和李中的这一次“较量”，使我更清晰地意识到他毕竟只是一个14岁的孩子，可塑性很强，关键在于塑造的手法要对路，要找准他的穴位，对症下药。比如在学习方面，我摸清了他的脉络：首先他还没有放弃学习，其次家长肯花时间、花精力与学校配合，而且目标十分明确——一定要考上高中。于是我就接受他妈妈的请求，帮助他找家教，把课堂上的知识以开小灶的方式进行强化，数学、物理、英语等几门主科先后都请一线教师给他补课，使得他的学习成绩还不至于太差，能跟着班级正常的教学进度走。尽管上学、写作业、补课等一系列学习活动占用了他的大部分时间，但是由于积习难改和交友不善，李中一天到晚依旧是惹事不断，旷课、打架、顶撞老师，直至有一天被派出所传讯，据他自己说是别人盗窃给他花了5元钱，事后他还吓得够呛。鉴于李中的一贯表现，学校决定给他开除校籍留校察看处分。当我从政教处取回处分表时，我的内心却产生了矛盾：一方面我真想狠狠处分他，恨不得开除了他我才省心呢！可是另一方面我又怕他从此被推向反面，因破罐破摔而完全毁掉了这个孩子。经过一番思想斗争，我决意再给他一次机会：处分表拿在我手里，先不让他填，告诉他是暂时替他保存，看他下一步的表现。让这个处分像一把尚方宝剑一样悬在他头上，起到一个督促他改过自新的作用，同时建议他家长带他去看一下心理医生，于是就出现了本文开头的那一幕。

那是一个炎热的夏天，气温在35度左右。中午下课后，李中由他妈妈骑车带着，我也骑车陪同，从学校所在地到心理咨询中心，大约40分钟才到，晒得满脸通红，热得汗流浃背。但是，当心理医生把我错指为李中的母亲时，不仅仅刺激了李中，同时也震撼了我，让我看到了事情的转机。果然，当李中从咨询室出来，他妈妈按时间付过钱后，他说了一句话让我至今难以忘怀：“老师，他说的还没您好呢，以后我就听您的！”紧接着转向他妈妈说，“让关老师上咱家休息去！”我正好下午没课了，也想借这机会趁热打铁，再教育教育他，于是就顺水推舟跟着到他家里。一进门，李中忙不迭地催促他妈妈：“快，给关老师做饭！冰箱里有虾吗？快拿出来！”然后，在家从不干活的他又是打水让我洗脸，又是收拾他的床让我躺下。吃饭间，我又苦口婆心地叮嘱了他一番，这时候的李中好像换了一个人，说什么都满口答应，还利用我休息的一会儿工夫，跑到外面的小摊儿上，花20元钱买了两件当时特别流行的、胸前印着图案的大白背心，一件是他自己的，一件送给我比他大一岁的儿子（有意思的是，他自己那件图案是黑色骷髅，而给我儿子的图案却是规范的几何图形）。就从这一天起，李中真的彻底转变了！

离中考还剩两个月时，李中不但拼命在学，在补落下的知识漏洞，居然还为自己的学习成绩着急上火了，成天盯着我反复问两句话：“您说我能考上高中吗？”“我上高中还有戏吗？”甚至急得直用脑袋撞墙。一方面由于他基本上没有放弃学习，另一方面加上他最后一阶段的突击，中考结束他还真被一所普通高中录取，虽然不理想，但毕竟也是他一番努力的成果，我和所有教过他的老师们都感到欣慰。

李中上高中以后，一个学期内两次跑到我家里来。第一次是满腹牢骚:“这是什么破学校啊！一点儿都不好，那些老师跟咱们育中没法比。”特别表达了对三年初中的怀念和对老师们的敬佩、感激之情——真是失去了才懂得珍惜。第二次来找我时，告诉我他现在的班级有多乱，同学们根本不听讲、不学习，还十分得意地表白:“昨天男生差不多有一半都旷课了，我都没跟他们走，您看我现在够好的吧？”说老实话，李中的表现能到这份儿上，确实不容易。

终于，李中的高中读不下去了，不完全是他自己的原因，而是学校的教学环境和学生中的风气让他实在接受不了，因为他毕竟在风气正、治学严谨的育英中学度过了三年初中生活，他总是在与现在的学校作比较。当今天他走上人生的正轨，有了学习的欲望时，他对环境、对老师的要求与期望值也就相应提高了。

正巧人民警察学校招生，经过与父母协商，他决意退学重新参加考试，我利用业余时间为他突击补习高中政治，最终天遂人愿，李中考进了警校，成为一名人民警察，直至今日的“大学本科学历”、“探长”、“中共党员”。李中，这个昔日的顽劣少年，不仅仅长大成人了，而且从事的是打击犯罪、保一方平安的工作。他的这一转变过程，浸透着一位普通教师对一个所谓“差生”的拳拳真情。

通过对李中的教育过程的品味与反思，我更深切地体会到了，只有用心血去浇灌那稚嫩的幼苗，才会获得幼苗长成大树后那种成功的喜悦。

为学生找回心理上的平衡

“周小南，你脖子怎么了？怎么会有伤痕？”周小南是我所带的高一重点班学生，长得白白净净，性格温文尔雅，举止文质彬彬，完全没有一般男孩子的顽劣或者粗野，所以在他的脖子上发现了几道明显的抓痕，让我心中一惊——担心他与别人打架了，甚至是受欺负了。

“是被我爸爸打的。”

“为什么打你？”

“爸爸对我上高中以后的学习成绩不满意，尤其是这次期中考试在班里排在22名。”

我愤怒了！对这位父亲产生了强烈的不满。因为据我了解，周小南的妈妈在国外学习刚刚回到孩子身边没多长时间，爸爸忙于自己的事业对孩子的了解与关照并不是很多，周小南凭借自己的努力考进育英中学重点班，应该说已经很出色了，怎么能为一次考试的分数就可以蛮横地对孩子使用武力，而且出手还那么重呢？除去气愤，我心中更多的是心疼。

“还疼吗？”我动容地问。

“没事了老师，不要紧。”

“下午放学等我一起走，我要去你家家访。”

这是一次事先没有准备的家访，但目的很明确：协调孩子和家长之间的关系，帮助家长摒弃不正确的教育方法和教育手段。

学生放学后，忙完手头的工作已经快六点了，我陪着周小南骑车去他家。一路上我给他讲父亲望子成龙的心态，讲妈妈不在身边当爸爸的不容易，让他对父亲多一份理解与宽容。这时候我强烈感受到的是孩子的善良、大度、单纯，真的很可爱。

到周小南家不一会儿，他爸爸妈妈相继回来了。看到我的突然来访，他们的第一反应是“孩子在学校犯什么错了或者出什么事了”（家长的这种心理定势是长期以来把家访与告状联系在一起的结果）。我首先给家长吃一颗定心丸，解除他们的疑惑：第一，作为班主任我要普遍走访每一个学生的家庭；第二，开学一段时间了，我应该向您汇报一下周小南的在校表现。于是我着重向家长介绍了周小南的踏实、自觉、文明、懂礼貌，有上进心、有集体荣誉感，是一个很让人省心的孩子。说到期中考试成绩，我特别强调了这是年级重点班的22名，也就相当于全年级的22名，应该说还是很不错的。话锋一转，我指向了他的父亲，对他打孩子的粗鲁行为提出了批评。看着周小南脖子上的伤痕，我心疼得难以自控，我哽咽了：“在今天，打孩子本身就不对，上高中的孩子还打更是不对，而周小南更不是一个该挨打的孩子，我对您提出个请求：起码在我带他的这三年里，不允许您再对他使用武力。”我发自肺腑的一番话深深打动了他的父母，妈妈和小南的眼圈都红了，爸爸则连声保证：“以后再不打，您放心，再也不打了。”协调孩子与父母关系的目的达到了，纠正家长教育手段的目标也实现了，然后我又把话题转到了周小南的学习上，帮他分析可挖掘的潜力，制定下一步的学习目标，提出更具体的要求，进一步满足爸爸妈妈的期望，让他们为儿子的优秀而自豪。

这次家访的效果是明显的。

高中三年，爸爸兑现了自己的承诺，再也没有使用粗暴的教育手段；孩子努力学习，以相当不错的成绩考上了北京交通大学。

用心去观察学生是我的强项，学生在我面前的表情、动作、神态、衣着等稍有异常或者变化，孩子身体不舒服、家庭出现变故、心理产生偏差等等，都逃不过我的眼睛。我捕捉过许许多多学生的细微变化，进而发现还处在隐藏阶段的问题，而老师给予学生主动的问候与呵护，学生会倍感温暖，老师对学生的真情付出，学生都会铭记在心的。教师的高情商在教育和管理学生的工作中会产生不可低估的影响。

爱的回馈

作为一名从教 30 多年的老教师、老班主任，我曾收到过许许多多学生来信。有在校期间的随感而发，有走进大学校园后对中学生活的留恋，有走上工作岗位后对曾经的师生情的美好回忆，甚至有不认识、未曾谋面的外地学生的咨询与倾诉。这一封封来信都充满深情，蕴涵着对我的肯定、爱戴与信任，是我的一笔宝贵财富。

在众多的学生来信中，有一封在我看来是最珍贵的。写信者不是我当时所带班级的学生，信也不是直接写给我的，而是在作文课上完成，由语文老师转给我的。这个写信的学生叫刘勇，当时是育英中学初三（2）班的学生。

敬爱的关老师：

您好！您一定不会猜到这封信是谁写给您的，也许会猜成是自己班里的某位学生。其实这封信就是坐在您所带的（1）班对门的那个教室里，一位您还算比较满意的学生刘勇写给您的。

关老师，您与我相识到今天，已有两年了，我们在一起也度过了几百个充满快乐气氛的四十五分钟。每当上您的课时，我都感觉很轻松，对于知识的接受也很深刻很明朗。从您那慈祥的目光中我看出了您对学生的情与爱，当我遇到政治科目的难题向您请教时，您不仅以一名政治老师的身份，而且又带着几丝母亲般的温柔，耐心地为我解答，使我攻克了很多政治学科的难题。

记得有一次上政治课前，我一边起立向您表示问候，一边翻开笔记本看一看上节所讲的内容，这时候您突然让大家把目光投向我，我以为自己的行为是对您的不尊敬，所以心里十分害怕，但万万没有想到您却表扬了我，使我心中无比激动，我发现了您为人的宽厚、正直，和对于学生的爱护。

关老师您一定记得，您第二次把我和刘卓从游戏机厅拉出来时的情景。当时我的心火辣辣的，您对我们的期望那么高，而我却辜负了您的一片苦心，踏进了罪恶的“泥潭”。您与我第一次在游戏机厅碰见时您没有批评我，而是引导我走向正确的人生道路，可我再次违背了诺言，在同样的地点、同样的时间，又同样与您相见，当时我的心已不是怕您告诉我家长了，而是怕您从此对我失去了信心，因此从那以后我发誓：再也不进游戏机厅的大门！

关老师，您虽然身材并不很高，可是您那正直的思想，仁慈的心灵，渊博的知识却使您在我心目中变得如此高大。每当您踏上讲台时，我总要抬头仰望您，难道是由于我坐在第一排的原因吗？不！是您那用知识和情感垒起的高大身影把我的头牵引着，时刻不能低下。关老师，是您改变了我对政治这门科目的轻视，改变了我学习政治的态度，我将把您永远视为我政治学科的启蒙老师。

关老师，我就要毕业了，希望您今后能够记得曾经教过一个名叫刘勇的学生。

此致

敬礼

刘勇

当这封信转到我手里时，心里确实挺高兴、挺舒服的，虚荣心作祟嘛！但是虽然得意并没有忘形，因为我知道这只不过是学生在作文课上完成的作业，他需要用各种经过修饰的语言来获取较高的分数，而且老师也确实给了较高的评价（40 分满分他得了 38 分），事情过去了，我并没有放在心上。

刘勇是一个不太善于表达感情的孩子，为了这封间接送到我手里的信，他找到了我，经过一番交谈所给予我的震撼，远远超出了这封信给予我的惊喜。他明确表示，这信中的每一个字都是一份真情实感，都是早就想对我说的话，平时总是鼓不起说的勇气。这次作文课上老师让同学们写信，大多数人是写给同学或朋友，甚至有同学感觉没的可写，干脆虚构一个收信人应付老师，而他却立即想到了我，借此机会把自己两年多的真实感受一股脑倾泻了出来，只是一种真情流露，甚至都没有想到给我看。我们在一起又回顾了他在信中描述的两件事：我很清楚，政治课作为副科是没有人重视的，一般上课铃声响过以后，同学们课桌上都堆着数学、英语等主科的书本或卷子，半天才能把思路拉回到我的课上来。那天班长喊起立后，刘勇站在课桌旁迅速地翻看课本和笔记，于是我请还站着的同学们把目光都投向了他，表扬他上课进入状态快。就这么一件小事，就这么一次微不足道的表扬，却在孩子心里留下了那么深的痕迹。这件事给予我的启示是：老师们要善于发现孩子们的闪光点，不要吝啬表扬，正面引导的效果有时是不可估量的。

他信中提到的另一件“游戏厅”事件，我至今记忆犹新：那时候还没有今天这样火爆的网络游戏，但是刚刚兴起的电子游戏也着实吸引了不少的年轻人和孩子们，中学生们更是把许多时间都耗费在了游戏厅里。作为一个负责任的老师，我苦口婆心地劝诫我的学生不要进入那种污浊之地,可是效果甚微。一天中午,在一家游戏厅里,我发现了刘勇、刘卓两个学生,他俩学习很优秀,是老师们心目中的好孩子,虽然我只是他们的任课老师,既不是班主任又不负责政教,完全可以“不在其位不谋其政”,但我还是进去把他俩叫了出来,并进行了一番教育和劝导。回到学校说起这件事,老师们提醒我:“你断了游戏厅老板的财路,小心人报复你。”是有点后怕,但当时哪想得了那么多呀!令我气愤的是,没过一个星期,一天下午我又在同一个游戏厅里再一次见到了刘勇、刘卓,真让我怒不可遏!管?还是不管?我确实犹豫了一下,一旦老板干涉我该怎么办?但仅仅是一瞬间的犹豫,我想好了,有人阻拦我就说他们是我的孩子,我是家长,我是母亲,我有权力把我的孩子带走!就是这一次,深深打动了刘勇,不但引出了他给我的这一封信,更重要的是,直到初中毕业,他真的再也没有进游戏厅,而且考上了理想的高中。

12 年过去了,刘勇的这封信我一直珍藏着,薄薄的三页稿纸已经有点破损了,那个红色的 38 分也有点暗淡了,但是它给予我的启示和激励却始终没有忘怀。在我看来,它不是一封普普通通、简简单单的学生来信,而是给我传递了一个信息:学生不仅需要老师的真情呵护,而且懂得老师的良苦用心,记得老师的无私付出,即使他们口头上没有更多的表示,但心中的愧疚、感激早已经酝酿多时了,这其实就是学生对老师的最真实、最真诚的回报。

一定要杜绝老师对学生的心理伤害

老师，请嘴下留情

由于《别和青春期的孩子较劲》一书的出版发行，面对教育中的困惑，全国各地众多的家长，来向我求助。昨天，又一位妈妈领着六年级的儿子来找我了——

下午四点多钟，翠微路附近的肯德基店里人不多，我们三个人找了个靠边的座位坐下来。因为事先他的妈妈已经跟我打了招呼，说孩子受委屈了，所以我就开门见山："今天是想跟关老师诉委屈吗？那好，说说吧，谁给咱们委屈受了？"孩子的情绪低落下来，开始叙述事情的经过（但并不怎么理直气壮，反而有些支支吾吾）："我原来做操是不太认真，可是我觉得我最近在改，已经挺有进步的了，可是昨天老师表扬做操好的同学，没有我，于是我就接了一句'我也做的挺好的'，老师就骂我'不要脸'，再怎么说老师也不该骂人吧？骂就骂了吧，我也没太计较，晚自习时我打球晚回教室几分钟，老师又在跟同学说这件事，我一进门同学们都笑我，特没面子，我受不了，就跟老师顶了……"我耐心地听他讲完了他的委屈，心中已经有了自己的判断，因为他已经不是第一次来找我了。

这是一个聪明、单纯、热情，非常可爱的小男孩，最大的毛病就是散漫，特别想好，爱听表扬，又管不住自己。第一次辗转找到我，也是因为老师的一句话，是在一次默写英语单词后，老师问他想考哪个初中，他回答“四中”，老师说:“就你？还四中呢？门儿也没有！”这可不得了了，从此后就跟英语老师结下了疙瘩，处处跟老师作对，家长在一筹莫展之际，经人介绍找到了我，不但被我说通了，还对我产生了信赖，经常向我汇报在学校的表现，尤其是受了表扬，一定要告诉我，妈妈欣慰地说:“佟童比原来懂事了，班主任也说他进步了”。

但是他毕竟是个孩子，要允许他有反复，这不，老毛病又犯了。

“佟童，你先别觉得委屈，首先说说你做课间操到底怎么样”，我把两臂抬起做侧平举状，“你是像我这样把胳膊伸直吗”，他不好意思地摇摇头（这就是他刚开始叙述时支支吾吾的原因），于是我直截了当告诉他“你平时就是个小散漫，做操肯定不那么认真，关老师当了这么多年班主任，太了解你们了，腿永远站不直，胳膊永远端不平，手腕永远是耷拉着”，我边说边模仿，他都认可了。“好，那说明老师没有表扬你是因为你还没有达到老师的要求，这次与老师冲突的根儿是不是在你自己身上啊？”他使劲点点头，又一次认可了我的说法。“老师在课堂上讲话，在表扬同学，你不举手，也不经老师允许，就随便接话茬，而且是要表扬，这么做合适吗？你希望得到表扬，这是好事，说明你有上进心，可是表扬是靠行动争取来的，可不是用嘴‘要’出来的，这是不是你的第二个错误啊？”他频频点头，态度明显和缓了。“好，下面我要说的第三个错误，不是你的，是你们老师的，老师骂人就是不对！只要你说的属实，你们老师确确实实犯了错误，应该批评。”我想，这时候孩子的心理才真正平衡了，本来是诉委屈，结果先挨了批评，可是当我肯定了老师的错误时，他今天来找我的目的也就达到了。但是为了缓和这对师生间的关系，我还要违心地替老师辩解几句:“你们班主任平时对你特好吧？”孩子说“是”，妈妈赶快附和:“老师对他不错，他跟老师也很好。”我说:“那就对了，老师们有时就爱犯这样的毛病:跟哪个学生亲近，也就不见外，说话就比较随意，就好像是自己的孩子似的，你能理解吗？能原谅老师吗？”这时候的佟童已经露出了本就属于他的那张灿烂的笑脸，我又借机嘱咐他课间操应该怎么做，小学毕业前夕自己该如何表现，大约谈了40分钟，母子二人高高兴兴与我挥手告别。

孩子走远了，我的思绪却久久拉不回来，而且忽然冒出一个奇怪的念头:“成年人有时还真没有孩子听话”。无论是《教育法》、《教师法》还是《中小学教师行为规范》，对于教师这个职业的道德标准和行为要求都是有十分明确的规定的。对受教育者的言语伤害，绝对在禁止之列，学校领导也一定会三令五申，反复强调，可是咱们一些老师却往往在一瞬间忘记了自己的身份，信口开河，出口伤人——尽管这个“人”只是个未成年的孩子，他们也是有自尊的啊！像佟童英语老师说的“四中，门儿也没有”，言语间没带一个脏字，但打击的是学生的自信;像佟童班主任说的“不要脸”，伤的是孩子的自尊。曾经有一位老教师，当着学生家长的面数落学生“看你拉着那张大驴脸”，激起家长的勃然大怒，当即反目成仇，丢掉的是老师的师德以及为人师表的资格。现在不是提倡建立和谐社会嘛，我真希望我的同行们，为了建设和谐校园，为了建立起和谐的师生关系，咱们都能嘴下留情！

今天我还特别感动于佟童妈妈与我的配合，他没有站在孩子的角度责怪老师，没有替孩子抱委屈，更没有像个别家长那样揪住老师的错误不放，非要讨个说法，而是附和着我入情入理的分析，从正面做孩子的引导工作，教给孩子自律与宽容，最终才收到了既化解矛盾，又让孩子服气，家长舒心的效果。

教育孩子，老师、家长都需要在实践中不断学习、不断感悟、不断提高。

无德无爱的老师毁了一个好孩子

这是我最近收到的一封邮件，一位无助的母亲心在滴血地哭诉。

关老师：您好！

我才学会打字，我是一个无能的母亲没有办法把孩子从逆反和厌学中拉出来，无奈之中向您求助。

我的孩子（男）今年16岁，过完暑假升初四（我们这初中四年制）明年高考。（作者注：可能是中考）

初一到初二阶段学习还可以，350名学生考试一班（般）在50名左右，上了初三第一个月考试40名左右，自从在期中考试违反考场纪律吃糖，班主任发（罚）他买40元糖，每天午睡时站在讲台前吃糖，因孩子住校，一星期回来一次，回来后说嗓子疼咳嗽我才知道，我和老师交谈过改变一下教育方法，可从那以后他不爱学习，拒绝考试，三天两头不上学校，对学习失去兴趣。我们这儿的老师经常骂人，学生都很反感，作为父母我不是一个好家长，我总唠叨总批评他，希望他考上重点高中，可现在我怎么开导他，他都不听，和我讲条件对着干，这次期末考试竟考了270名，放假整天除了玩就坐在电脑前听歌玩游戏看电影。其实每位老师都认为他是个很聪明的学生，潜力很大。

孩子三岁我离异，继父对他还可以，关老师我知道您很忙，您是个教育专家，能给我一点帮助吗？

这是一位山东烟台的母亲写给我的一封信，显然是情急之下逼着自己用手指头戳出来的一篇文字，有错别字，缺少标点符号（有些是我加上去的）。这时候我已经尽量不接这种求助了，太多了，有点力不从心了。但是看完这封信，我立即用她留下的联系方式进行了沟通，听完细节后，我怒不可遏！一个很好的孩子，犯了一个在他这个年龄段允许犯的小错误——考场上偷偷吃了一块糖，不问任何缘由，逼着孩子把身上仅有的40块钱全部买了糖，让孩子站在讲台前吃，甚至午休时间不让孩子休息继续吃，直到吃完，吃得孩子嗓子哑了，说不出话来。

这种对孩子身体的摧残令人发指，而更为严重的是对孩子心灵的伤害、自尊的践踏，马上就显现出令人痛心的后果：第一，自闭了，再也不肯说话，只是坐在电脑前玩；第二，彻底放弃了学业，破罐破摔了；第三，学习成绩从年级前50名降到了270名。一个孩子可能从此就被毁了。

我气愤！我怒吼"这样的人怎么能配当老师"，但我更急于帮助和挽救这个孩子。于是我和他妈妈商量，带他到北京来散散心，我和他聊聊，他不肯；让他和我通个电话，他不同意；实在没辙了，我把电话打过去，让他妈妈把电话听筒对着他的耳朵，我说，"强迫"他听。我和颜悦色、苦口婆心地开导他，特别强调：孩子，这不是你的错，你也许当时饿了，也许胃里不舒服了，甚至有可能低血糖很难受了，老师这时候应该过来关心和询问一下，她没有做就已经错了；退一万步说，就算你馋了，没有经受住口袋里那块糖的诱惑，也只不过是在你这个年龄段允许犯的一个小错误，稍加提醒你不但会改正，而且会自责的，因为你本身就是一个懂自尊的好孩子。可是老师小题大做、兴师动众，她又错了；然后她让你买糖、吃糖的做法，不但是大错特错，而且是违背师德、违反《教师法》和《未成年人保护法》的极端恶劣行为，她用这种方法摧残你的身体，经过调养和休息是可以恢复的，但是我知道，你的面子、你的自尊、你的心灵受到了极大的伤害，这个创伤的愈合有难度、需要时间，但是无论如何，你不应该用她的错误惩罚自己，自己的前途和命运毁在别人的手里，值得吗？我说了足足20分钟，他听着，但一言不发，我只好告诉他，我愿意陪他一起疗伤，妈妈手里有我的电话，随时联系我。以后一直没有消息，我的心一直在揪着。

有人也许认为这是个案，不具有普遍性，其实不然。据我了解，像北京这种大城市，管理层对教师的要求高，老师本身的道德感和法律意识比较强，家长对孩子有着极敏感的保护意识，所以类似这样的恶性事件几乎不可能发生。但是在全国许许多多中小城市，尤其是农村的中学、小学甚至幼儿园，老师伤害孩子的事时有发生。讽刺、挖苦、孤立孩子是家常便饭；各种惩罚和体罚也很平常；严重的伤害屡屡发生。可悲的是孩子以及家长完全没有自我保护意识，在老师面前唯唯诺诺，敢怒不敢言，一来家用一句“老师都是为了你好”来压制孩子，二来找一点心理安慰，更是替老师掩盖了过错。

从那位山东妈妈给我的信中就可以体会出她的胆怯：“我们这里的老师经常骂人，学生都很反感”，马上又补上一句“作为父母我不是一个好家长”。其实在我们通话时家长对孩子被罚吃40块钱糖吃坏了嗓子既心疼又愤慨，但是又明确表示不敢追究老师，因为“孩子还在人家手里”——既朴实又无奈！我在气愤之余，曾经产生过到网上人肉搜索这位所谓老师的冲动，但是也怕给这对母子找麻烦，就罢手了。

今天把这个刚刚发生的真实案例增加到书里，就是想提醒看到这本书的同行们，让学生抵触、让学生惧怕、让学生敬而远之，都算不上好老师，还是那句话：让学生服气，让学生信服、佩服、折服、心服口服，在他（她）们心中一定会给您打一个高分。即使您说我干这行不求有功，也起码得但求无过吧，教师毕竟被称作是一个崇高的职业，如果一个老师无德无爱、无法无天，可能出现的后果是我们不愿看到，也不能接受的。

这是我，一位老教师的忠告。

思考的声音

中小学公开课可以休矣

什么是公开课？行内人不说自明，就是上给同行和各级领导看的课，可以分为校级、区级和市级公开课。被学生戏称为“表演课”。

作为一个在教育一线摸爬滚打了三十多年的过来人，我“表演”过，但更多的是作为评委给青年教师打分、指点、挑毛病，因为我年轻的时候公开课还不那么盛行，当公开课愈演愈烈的时候，我已经是老教师了，有资格去给别人说三道四了，甚至还曾经自鸣得意。在这过程中，我不是没有疑惑和质疑，甚至凭借个人的能力进行过抗拒，比如在退休前的六七年时间里，学校规定，每学期开学的个人教学计划中要申报两次公开课的时间和内容，我明确拒绝了，表示无论是同行还是学校领导，可以随时来听我的“推门课”，我不会为有人听课而作精心的准备。有人会认为我“狂”，有人会羡慕我“有底气”，毕竟站讲台近30年了，不在乎别人的评头品足了。其实都不是，是一次所谓的优质录像课让我留下了深深的遗憾，成为心中永久的痛。

那是一节高二哲学课。学校为了留资料，通知我上一节录像课。这在当时可不是一件小事，说明了学校领导对我教学的重视和认可。接到"圣旨"我怎敢怠慢，熟悉教材，查找资料，制作课件，组织语言——哪是备课啊，整个一个"背课"！忙乎了一个星期，到上课那天，面对着摄像机和高二重点班的学生，平时的自信和自如荡然无存，只剩下了强装在脸上的笑容。由于讲课程序和语言都是事先组织好背下来的，大脑只是在搜索，稍有疏忽就不知道下句该说什么了，于是出错了:"春江水暖鸭先知"明明知道是苏轼的诗句，顺口就说成了唐诗，发现错了，大脑突然一下空白，只好停机重来。当时有多尴尬，多么的无地自容，只有自己心里知道，尽管善良的孩子们很配合我，没有让我下不来台，但我始终认为这是我终身的耻辱而不能释怀。其实一直以来我的政治课还是很受学生欢迎的，学生喜欢我课堂上的灵活、开放、少说教，试想这节课不搞的这么兴师动众，就是一节普通课的话，我不至于出丑，教学效果也会更好，而这节课给学生留下的最深印象就是——关老师表演失败了。从那时起，我就对公开课深恶痛绝，不过直到今天才说出来。

我今天的这个观点估计会导致两种不同的反应，领导们会认为我大逆不道，因为在他们看来，公开课是鞭策和督促年轻教师进步的有效手段，通俗点说，公开课就是校长手里的一根小鞭子，每一学期抽上两下，似乎老师的教学态度、教学效果、教学水平就能上一个大台阶。其实结果是这样的吗？答案老师（包括领导）都心知肚明:表演的好坏，与平时的课堂教学质量并无必然的联系。流于形式的各级公开课，对于一线老师来说是压力，对于学校领导来说是业绩。据我了解，校长、教务主任每年的工作总结中会有一个业绩指标就是，听、评了多少节公开课；如果是区级、市级或者是有兄弟学校同行来听的公开课，那就更是面子活了，上好了直接给学校争光，给领导争脸面，万一课堂上出了纰漏，那就是丢了学校的名誉，给校长脸上抹了黑，讲课老师即使不挨批评，心里那种负罪感一时半会儿也缓不过来。

就在我写这篇文章的前一个礼拜，我上一年级的小孙子班里上了一节语文公开课。首先这位也当班主任的语文老师，不用自己所带班级的学生，而是借用一位老教师带的、所谓优秀班级的学生来上这一节市级公开课；其次，班主任提前一个星期就对孩子们千叮咛万嘱咐，要穿校服，要好好配合老师，不要给学校丢脸抹黑；最后，上课地点不在教室，在专门的录课室，学生课桌椅也不按常规摆放。以上这些，是不是有着浓重的表演痕迹？另外据我这个行内人所知，这节课的内容这位老师绝不是第一次上，很有可能在自己的班级已经预演过了，而且在师生互动环节，让哪些同学说话一定是提前设定的，其他同学再积极踊跃举手也没用。但是，写到这里我要郑重强调，这绝不是老师的错！这种流于形式、虚假成分甚多的公开课，是以任务形式硬性派给老师们的，所以给老师们增加了莫大的压力，从接到公开课任务那天起，心提起来了，脑子转起来了，人忙起来了——搜集资料，熟悉教材，制作课件，设计板书，安排互动，组织语言，那是一个漫长的煎熬过程，直到上完课走下讲台。至于结果或者收获，我凭我多年的经验归纳如下：其一，领导完成了一次听课任务（这是领导日常工作的一个重要项目）；其二，学生作为道具完成了一次配合任务，像看了一场热闹，没留下什么太深印象；其三，授课老师长出一口气，感言往往是“可算解放了！”“脱了一层皮呀！”“可得放松一下了！”“我什么时候能熬到不用上公开课呀？”……更糟糕的是，在准备这一节课的很长时间里，平时的正常课却被忽视了，老师没有时间、没有精力，也没有心思去认真备好、上好每一节课，因为这课堂上只有学生。

也许有人会质疑，难道公开课就没有一点益处吗？毕竟是对老师们业务上的一次鞭策和检验啊！是的，这一点我不否认，而且还要补充一点我切身体会到的公开课的收益，即同行之间的相互学习，取长补短，有助于教学效果的提升。但是权衡利弊，我的结论是：一级一级的公开课兴师动众、劳民伤财、得不偿失，因此我大声疾呼——中小学公开课可以休矣！（我做好了挨批判的准备。）

最后必须说明的一点是，我否定公开课这种教学活动，但是我提倡负责教学的校长多听课，用自己的专长与优势给一线老师以指导，在发现问题、解决问题的过程中，帮助教师提高教育教学水平；提倡同行之间相互多听课，达到交流、学习、取长补短、自我提升的目的；提倡老师们不惧怕有人听课，坦然面对内行、同行的评头品足，汲取有益的营养成分，在修正中不断进步。当然，前提是练好内功，增加底气，只为你的教育对象——学生，备好每一节课，上好每一节课，不弄虚，不作假，不表演，把每一节课都当作公开课来上，学生将是最大的受益者。

2017 年 4 月 8 日

英国“以学生需求为中心”的课堂管理 / 教学法系列

风靡全球教育界的“五彩书” | 深受200多万教师推崇和追捧

［英］罗博·普莱文　著

7天成功的课堂管理，
让教与学直接“变现

第一分钟抓住注意力，
无聊课堂变“欢乐天堂”

助力小组合作，
掌握持久、可迁移的理解式学习

专治“问题学生”，
课堂管理“行为工具包”

让每1次对话都积极、
互动、有意义，
管理有成效

从备课开始，
到上课、说课、做课，
做一个魔法教师

- 北京十一学校联盟总校校长、北京第一实验学校校长 李希贵，中国新学校研究会副会长、学校组织变革专家 沈祖芸 郑重推荐
- 实用可行的设计思路及设计新方案
- 成功实现学习空间和学校环境转型带来教与学的提升
- 满足和提升学生学习、心理、社交和情感需求
- 引爆学习，引爆学校教育

重新设计一所好学校
作者：（美）普拉卡什·奈尔
定价：49.00 元

重新设计学习和教学空间
作者：（美）普拉卡什·奈尔、罗尼·齐默·多克托里、理查德·埃尔莫尔
定价：49.90 元

改造一所学校的设计新方案
作者：（美）普拉卡什·奈尔 帕鲁尔·明哈斯
定价：69.90 元

学校需要重新定义！
世界知名的学校设计大师普拉卡什·奈尔，从丰富、创新的校园设计实例和学校设计新语言入手，重新想象学校行为，
提供了人工智能驱动的学校设计与建设成功之道，
既适用于新建学校，又适用于翻修改造的学校。